タンゴ タンゴ タンゴ

大類善啓

情感Sentimiento織りなす魂のしらべ
センティミエント

批評社

タンゴ　タンゴ　タンゴ

情感Sentimiento織りなす魂のしらべ

目　次

はじめに

　タンゴに親しむようになったのは高校時代からである。と言っても金もないので、主に聴いていたのは、もっぱらラジオの「これがタンゴだ！」という番組だった。しかし興味があったのはタンゴだけではない。当時はクラシックからシャンソン、モダンジャズなどにも親しんでいた。友人との会話や議論はもっぱらクラシック音楽が流れている喫茶店だった。

　そこでは、ショスタコーヴィッチの交響曲第5番やモーツァルトの交響曲第25番が心を躍らせる曲だった。またモダンジャズの店には一人で入り、いっぱしのジャズ通のような顔をしていた。

　アート・ブレーキーとザ・ジャズ・メッセンジャーズやエラ・フィッツジェラルドの公演などに行ったのも懐かしい思い出だ。ごひいきはピアニストのセロニアス・モンクだった。

　シャンソンのイブ・モンタンの初めて来日公演では、新宿厚生年金ホールの最前列の高額の切符を買って聴いたのも思い出深い。楽屋の出入り口の方に行くと、彼は並んだファンひとり一人に丁寧にサインしてくれた。そのパンフレットもどこかへ行ってしまった。今あれば、たいへんな宝物であろう。

　さて、音楽遍歴というほどでもないが、音楽はなべて好きだった。たまにクラシックの演奏会に出かけることもあるが、今でも継続的に聴き続けているのは主にタンゴだけだと言っていいだろう。

　どうしてそんなにタンゴに惹かれたのか。そのあたりの心模様は、本書をご一読いただければおわかりになるだろう。自宅ではCDをかけて聴き、時にタンゴ喫茶やレコード・コンサートでの鑑賞も含めて、音楽ジャンルの中でタンゴが一番長く親しんでいたのである。もちろん、タンゴの愛好家の中には、マニアックな鑑賞家も少なからずいて、その人たちから見れば、私が書いたタンゴについての拙文などは、素人の随想だと言って冷ややかに見られるのではないかとも思っているが、それはそれでいい。しかし一方、玄人筋から「とても素晴らしい原稿だ」とたいへんお褒めにあずかった文章もある。

本書を読んで、タンゴをこんなふうに聴いてきた男がいるのか、と思っていただければ嬉しい限りである。あるいは、タンゴを聴いて、こんな思いを持っていた人がいたのだと思ってもらえば、本書を編んだ意味があったのではないかとも思う。ご一読いただき、ご叱正いただければと思います。

第1章

タンゴの
コラソン（心）とは
何だろう

極私的アルゼンチン・タンゴ論

1 昨今に見るタンゴブームの軽さ

　NHK のテレビ番組「ワンダー×ワンダー」で、『情熱の誘惑、アルゼ
ンチン・タンゴ』というタイトルの特集を見た。内容は、2010 年の 8 月、
ブエノスアイレスで開催された第 7 回タンゴダンス選手権についてであ
る。

　21 カ国 400 組ほどのペアが参加し、中に 74 歳の女性と 45 歳の男性の
ペアがいたこと、最後の夜のルナパークでは、6000 人ほどの観客を集め
たダンス選手権決勝戦を紹介した。スタジオでは優勝したペアも参加し、
ゲストたちは「すごいですね。あんなに激しく踊るんですか」といった
驚きの声をあげ、タンゴダンス談議に花が咲いていた。

　アルゼンチン・タンゴの魅力が多くの人たちに知られること自体は喜
ばしいことだ。経済不況に喘ぐブエノスアイレスがタンゴダンス選手権
開催で観光客が増え、一時的にせよ財政的に潤うことも非難すべきこと
ではない。しかしこの番組のコンセプトが、なんとも皮相的で軽いので

ある。

　男性ダンサーが肌も露わな女性ダンサーの体を派手に持ち上げ、足を絡ませ、飛んだり跳ねたりする姿が、これでもかこれでもかというぐらいに披露される。ナレーションがまた、「女は男を誘い、男は女に迫る」「哀しみに絡み合う男と女」の「一途な愛」と言ったような、どうにも俗っぽく、紋切り型で軽薄なのだ。

　タンゴダンスなどを知らない視聴者が見たら、男女が派手に体を絡み合って踊り、さながらサーカスの曲芸のように飛んだり跳ねたり、男性が女性の体を持ち上げたりするダンスをアルゼンチン・タンゴダンスだと思ってしまうだろう。

　これではアルゼンチン・タンゴダンスを誤解させ、ひいてはタンゴそれ自体をも誤解させてしまうのではないか、と見ていて段々腹立たしくなってきたのである。

　タンゴダンスはそんなものではない。アルゼンチン・タンゴのコラソン（心）や真髄はそんなところにあるのではない。もっと味わい深いところにあるのだ。

2　タンゴはセンティミエント（情感）なのだ

　実際、タンゴダンスの本来の踊り場であるミロンガと呼ばれる場所で踊るタンゴは、テレビで取り上げられたような、ステージでアクロバット的に踊るようなものではなく、静かにしっとりと踊るものだ。そのことがわかっている同好の士はいた。彼らは私同様この番組を見て怒った。海部英一郎さんが編集する『湘南アルゼンチンタンゴダンス同好会会報』で、ある人は友人から、「タンゴってあんなアクロバットみたいな踊りなのか」と訊ねられたこと、ある愛好者は夫から、「タンゴって終わりにキスまでするのか」と言われ、夫が憮然として部屋から出て行ったという女性の嘆きのコメントを紹介し、タンゴダンス愛好家の怒りの声をしっかりと記事にしていた。

困ったものだと思う。はっきりさせておきたいのは、アルゼンチン・タンゴダンスは本来、決してあのように派手に、軽業師のように女性の体を持ち上げたりするようなものではない。ステージやショーで披露されるタンゴダンスのほとんどは、アクロバットのように派手に振付けて踊られる。しかし本来のタンゴダンスは、ミロンガと呼ばれるサロンで、音楽に合わせ、センティミエント（情感）を込めて踊るものなのだ。ところが、1980年代後半からヒットしたダンスを主体としたタンゴショーのステージで披露されるダンスが、あたかもタンゴダンスのすべてのように思われてしまっている。

　こういう風潮に怒りの声を発したのは、バンドネオン奏者の大御所、レオポルド・フェデリコだった。彼は1999年、来日直前の『ラティーナ』（1999年12月号）で、高場将美氏とのインタビューでこんなふうに語っている。

　「いま若いタンゴのミュージシャンがたくさん出てきましたね。どう思います？」という高場氏の問いにフェデリコは、「良いのがいるよ。とても良いのもいる。とてもヒドいのもいる。ダンスだってそうだよ。若いのがみんなタンゴを踊りたがる。外国ツアーとかチャンスが多いからね。でも、本物のタンゴのダンサーは、ダンスの店（ミロンガのこと）で踊っているよ。年寄りでデブばかりかもしれないけどね。今の若いダンサーは、みんなアクロバットだな。俺はね、正直言って、もうコペスまで嫌いになってしまった」と答えている。ちなみにコペスとは、フアン・カルロス・コペスのこと、第一級のプロ・ダンサーである。

　フェデリコは、コペスがその後再度、タンゴショー『タンゴ・アルヘンティーノ』を作り、ブロードウェイで2〜3ヶ月公演することに触れ、「ダンサー10カップルだとさ。おれも誘われたけれど、あの連中とはもう仕事をしたくない」とまで言っている。

　図らずも、レオポルド・フェデリコは「タンゴダンスのコラソンは、ブエノスアイレスのミロンガにある」と発言しているのだ。

3 カルロス・ガビートの思い

　2002年の秋、今は亡き伝説的なタンゴダンサー、カルロス・ガビートが来日した時にインタビューする機会があった。その時、ガビートは語った。「タンゴダンスにとってステップは二の次だ。最も大切なのは、相手に対する思いやりだ。だからこそ、心の渇きが癒される踊りなのだ」「大切なのはセンティミエント（情感）だ」「タンゴは、別れた女性との辛い思い出や嘆き、過去の悲しみや哀歓を歌っている。つまりタンゴは過去を背負っている。人生を背負っている。タンゴは追憶でできている。体で踊るのではなく、心で踊るもの、タンゴダンスは踊る感情なのだ。切ないようなセンティミエント（情感）を表現するものだ。タンゴは詩だ。タンゴを踊るということは詩を書いているのと同じことなのだ」と。ガビートは時に涙を浮かべ、情熱的に語ってくれた。

　このインタビュー記事が『ダンスファン』2003年1月号に掲載されたところ、自慢話になってしまうが、多くの人たちから感動したという声をもらった。驚いたのは、掲載直後にあったタンゴコンサートの休憩時間に、二人の見知らぬ人から声をかけられたことだ。記事には私の顔写真も掲載されていたので私だとわかったらしいが、熱心な関係者は、そんな小さい写真ですら見逃さなかった。それほど関心を寄せてくれたということであり、反響の大きさを物語っていた。

　声をかけてきたその一人がコペスのマネージャーだった。日本語を解せない彼でも、関係者を通してその記事を知っていたのだろう。「Mr. Ohrui！」と声をかけてきたのには驚いた。彼はぜひ、コペスを取材してくれないかと熱心に言うのだ。記事にできるかどうかは難しいが、と断った上でコペスと会うことになった。

　後日会ったコペスは、タンゴダンスの真髄をもちろん十分に認識しており、ガビートと同じような趣旨の言葉をはっきりと語ってくれた。

　レオポルド・フェデリコは、コペスを確かに批判した。実はフェデリコが、コペスから誘われた10組のダンサーが出演するタンゴショーを後

ブエノスアイレスの路上で踊るミロンゲーロたち（撮影：弓田綾子）

日、私も東京公演で観た。そこには、私が好きなタンゴダンサー、マジョ
ラールも出演していた。ステージでのショー的なダンスシーンに、今の
私はほとんど興味も関心もないが、敢えてコペスを擁護すれば、ステー
ジで生きざるを得ないプロ・ダンサーとしては止むを得ないところもあっ
たと思う。と言うのは、私と会った時もそうだが、別のところでコペスは、
アクロバットのような踊りに対して「あれは本来のタンゴを踊っていな
い。ニセモノ、道化師のダンス、ブロードウェイかラスベガスのショー
に冒されたダンスだ」と、手厳しく批判をしているからである。

　周知のようにタンゴは、ブエノスアイレスの下町ボカで生まれた。イ
タリアやスペインなどの故郷を捨ててきた男たちの孤独や郷愁、寂寥の

思いを慰めるために、やや猥雑な酒場や娼館や、裏通りでの踊りから始まったといわれている。男たちをまともに相手にしてくれる女性がいないから、男同士で踊っていたこともある。新天地で一旗揚げようとした男を相手にして、慰めてくれるのは娼婦だったろう。タンゴはいわば日陰者のように生まれた音楽とダンスなのだ。そんな踊りの伴奏としてタンゴの曲が生まれ、そして歌が生まれた。

4　ダニエル・バレンボイムの言葉

　ダニエル・バレンボイムはピアニストであり指揮者として活躍するクラシック音楽界の巨匠である。知る人ぞ知るブエノスアイレス生まれの男だ。9歳までアルゼンチンで過ごしている。両親はクラシックの演奏家だったが、ブエノスアイレスにいた時は、いつもタンゴを聴き、両親はタンゴを踊っていたという。

　「私も耳と心にタンゴを刻みながら育ったから当然、いつかタンゴを演奏してみたかった」というバレンボイムは実際、ブエノスアイレスでカルロス・ガルデルとアストル・ピアソラに捧げるコンサートを開き、CDやビデオも出している。その中でバレンボイムは、「ブエノスアイレスで育った人間にとって、クラシックとタンゴに隔たりや違いはない。アメリカではクラシックとジャズは、切り離されているが、アルゼンチンのクラシックの演奏家にとって、タンゴは音楽そのものだ。ピアソラはタンゴに新しい方向を与えた。タンゴの本質を少しも変えることなく、この国の風土と切り離せないタンゴに、和音の世界を切り開いた」と語っている。

　17歳の時、コンクールでピアソラの曲を演奏して優勝、ピアソラに激励されたバンドネオン奏者ダニエル・ビネリは言う。「タンゴはどのように弾いてもタンゴなんだ。あのアストル・ピアソラも、どんなに前衛的な音楽をやってもブエノスアイレスのエッセンスを尊重している」(『タンゴ―情熱のメランコリー』高場将美・ダンスマガジン編集部編)と。

5 「どんな状況であろうと生きていこう」

　そんなタンゴに惹かれたのはいつ頃からだろうか。レコードなど買う金もない高校時代、フランシスコ・カナロが来日し、『これがタンゴだ！』というラジオ番組が始まった。そのラジオ番組を毎週のように聴くようになってからだろう。時代は、1960年反安保闘争後の「挫折の季節」である。反体制運動の熱気が消え去り、沈滞した空気が漂い、気力が萎えたような時代の1960年代だ。

　高橋和巳が『憂鬱なる党派』という長編小説を発表した頃でもある。1950年代の学生運動挫折後の時代を生きた若者たちを描いた作品だが、私たちの、いや私の心情を実に的確に表現しているような「憂鬱なる」当時の私の気分を、文字通り代弁するような書名だった。

　気障に聞こえるかもしれないが、鬱屈をかかえながらも、そんな時代を生きていた。土曜の午後には神田神保町の古本街を散策し、落着く先がタンゴ喫茶「ミロンガ」だった。「ミロンガ」でコーヒーを飲みながら、買い求めた古本を紐解く時がなによりも至福の時間だった。『エル・ジョロン』や『酒宴の一夜』などを、時にリクエストすることもあった。すでに『アディオス・ノニーノ』は発表されていたが、ピアソラの名前を聞くのはずっと後のことである。

　曲名も楽団の名前も知らないが、「ミロンガ」でタンゴを聴いていると、「どんな状況になっても生きていこう」と、どういうわけかそんな思いを抱くのだった。どうしてそんな気持ちになるのだろう。何故だろうか、とずっと気にかかっていた。

　少なくとも私にとって、この「心のありよう」とは何なのか。その「気分」の何たるかを解明したい。その答こそ、タンゴのコラソン、本質、真髄を言い当てているのではないのかと思えてくるのである。

6　ストラヴィンスキーとピアソラ

　10代の後半から20代にかけて、私にとって音楽は、いわゆる「名曲喫茶」

と呼ばれた喫茶店とラジオとを切り離しては考えられないものだった。

　FMラジオで聴く音楽を、当時持っていたオープンリールのテープレコーダーに収録して何度も聴いていた。J・S・バッハの『トッカータとフーガ』ニ短調、『ブランデンブルグ協奏曲』、テレマンのバロック音楽、ベートーベンの弦楽四重奏曲、ショスタコーヴィチの『交響曲5番』。モダンジャズでいえば、アート・ブレーキーやホーレス・シルバー、オスカー・ピータソン、エラ・フィッツジェラルド、そして何よりも気に入って聴き込んだのはセロニアス・モンクのピアノだった。

　そして一番強烈に胸に突き刺さったのはストラヴィンスキーの『春の祭典』だった。今でもこの曲を最初に聴いた時の、衝撃的ともいえるような驚きを鮮明に覚えている。場所は新宿三越裏の喫茶店「らんぶる」の鑑賞室だ。突如鳴り響いた『春の祭典』に、心臓を掴まれたような感じがした。これが音楽なのか！　音楽という概念を根本からひっくりかえしたような戦慄するような音の響きに、驚きつつ感動した。本当に、心に突き刺さるような響きに圧倒されたのだった。

　後年、ピアソラが「一番影響を受けたのはストラヴィンスキーだ」、というような趣旨の発言を知った。むべなるかな、である。ピアソラ本人の唯一の回顧録『ピアソラ　自身を語る』（ナタリオ・ゴリン著／斎藤充正訳）を開けば、何度もストラヴィンスキーの名前が出てくる。その中でピアソラは、1958年、ニューヨークのパーティーで友人から紹介され、ストラヴィンスキーと出会ったことを回想している。ピアソラは、「マエストロ（巨匠）、私は遠くからあなたの教えを請うてきました。お会いできて光栄です」、と挨拶するのが精一杯だった。「本当に、私は遠くから一人のマエストロに向き合っていたのだった。アルベルト・ヒナステーラから学んでいた間、『春の祭典』の楽譜が座右の書だったのだから」と記している。

7 タンゴは生きる力の源泉だ！

クラシックやモダンジャズ、エ
ディット・ピアフやイブ・モンタン
のシャンソンを聴いても、決して訪
れない心情だが、「ミロンガ」で一
人タンゴを聴いている時、切々とし
て迫ってくる真情こそ、「どんなに
状況になっても生きていこう」「ど
んなにひどい状態になっても決して
自殺はしない」という気持ちだった。

何をたいそうな、という声が聞こ
えてきそうだが、20代前半の私に
とって、真実、タンゴの音色はそう
呼び掛けてくるのだった。

高校3年の時だった。気のおけな
い友人に、人生どんな境遇になり、

ブエノスアイレスのミロンガで（撮影：
フリオ・フランコ）

落ちぶれてもブエノスアイレスの裏町でタンゴを聴いていられるならそ
れでいいよ、なんていう言葉を、どういうわけか吐いていた。世間も人
生も知らない少年のたわ言であり、ある種の感傷が言わせた幼い心模様
である。

しかし、去って行った女への未練たらしい男の嘆きや、綿々たる後悔
の気持ち、挫折や失敗した己れのやるせない心情を込めたタンゴ音楽は、
いわば敗北者の切々たる思いを曲にし、歌にしたものだと思う。その孤
独な敗北感を真底味わいつつ、そこからなんとしても這い上がろうとす
る。タンゴは、孤独の底からひとり立ち上がって生きて行く勇気を湧き
起こしてくれる音楽だと言えるのではないか。まさにそこにこそ、タン
ゴのコラソンの核心があると思う。

追想し、遠く離れた故郷を想い、挫折から立ち上がり、生きていこう、

アストル・ピアソラ。1970 年 8 月、ブエノスアイレスの自宅で。(撮影:大岩祥浩)

というひたむきな思いを表現したタンゴ、その傑出した表現者の一人が
アストル・ピアソラだろう。そのピアソラの代表作として最も親しまれ
ている曲が『アディオス・ノニーノ』である。前出のコペスは、当時プ
エルトリコでピアソラと一緒に仕事をし、父の急死を知ったピアソラが
初めて泣く姿を見た。

　ピアソラは、幼少時にバンドネオンを与えてくれた父を失った現実、
その孤独な思い、そして父への追憶、父が絶えず想い続けたであろう故
郷イタリアへの郷愁を回想するかのように、その思いをニューヨークで
譜面にした。そこに流れてくるのは、哀しみを乗り越え、孤独に耐えな
がらも生きていこうという力強い響きである。

　さらに敷衍して言えば、ピアソラのタンゴからは、現代人の心の奥底
に潜む孤独や不安、それを乗り越えようとする心意気、何ものにもとら
われない革命的な心情が聴こえてくる。事実、新しい仕事がなんとか軌

道に乗り、やや緊張感を欠き停滞し弛緩した日常性に埋没しつつあった
ある時期、私に強烈な一撃を浴びせたのがピアソラだった。ピアソラを
聴いていると、チャレンジ精神を呼び覚ましてくれ、ふつふつと生きる
力が湧き起こってくる。生きて行こうという強い力を呼び起こしてくれ
るのだった。そう、ピアソラによって私は生き返ったのだ。ピアソラの
タンゴは、まさに、タンゴの魂を鋭く表現しているといっても過言では
ないと思う。

第2章

タンゴは何故に過ぎし日を想うのか

大好きなタンゴの詩から私が読み取ったもの

1　タンゴは人と人との関係性のドラマだ

　『SHAME』(シェイム) という映画を見た。手元の辞書を引けば、「恥ずかしい思い」とか、「恥」とか「羞恥心」と出てくる。悪いことをした時などに感じる「恥(の気持ち)」や「不真面目」の意味としてあるようだ。

　映画はこんな内容だ。主人公のブランドンは、ニューヨークに住む有能なエリートビジネスマン。しかし私生活では性依存症の男である。自分のアパートにコールガールを呼び、セックスする。地下鉄に乗れば、向かいの若い女性を視線で誘う。パソコンでポルノサイトを見る。彼の日常は、仕事以外はセックスがあるだけだ。なかなかの男前だが、恋人がいるわけでなく、ただただ勤勉にセックスに没頭するのだ。

　そんな日常の中に突然、恋人に捨てられた妹が出現する。人との繋がりを捨てたようなブランドンに対して、愛情に飢え、傷つきながらも必死に生きる妹。その妹を見て、感情を殺していたような彼に人間的な感覚が甦ってくる。

妹に触発されるようにブランドンは、彼に好意をもつ職場の女性に声をかけ、デートに誘いベッドを共にしようとするが、できない。不能に陥ってしまう。恋人関係ではセックスができないのだ。

　自暴自棄になる妹を責め、助けを求める妹を無視してニューヨークの街をさ迷うブランドン。翌朝のラストシーンは、ひとり嗚咽をもらし、声にならない声で泣くブランドンだ。救いようのない、孤独な男の涙である。

2　タンゴ、孤独な男の涙

　このラストシーンの孤独な男の涙を見て、同じようにラストシーンで、男が一人泣く映画を思い出した。フェデリコ・フェリーニの作品『道』である。

　やさしくて繊細で、やや痴呆的な女性ジェルソミーナは、母親に1万リラでザンパノに売られる。ザンパノは無口で乱暴な大男だ。自分の胸で鎖を引きちぎる怪力芸で縁日の舞台に立っている。ジェルソミーナは彼の助手になりパートナーになる。

　ザンパノは放浪芸人のように村々を訪れ、客たちに芸を見せる。ジェルソミーナは仲間の放浪者イル・マット（狂人の意）というあだ名の綱渡り芸人から、どんなに目立たない小さな生きものでも何かの役に立っていると諭される。ジェルソミーナの存在も貧しい旅を共にしているザンパノの役に立っているのだ、ということを教わるのだ。

　ひどい仕打ちばかりするあの無知なザンパノも、生きるために自分を必要としているのだとジェルソミーナは理解し、ザンパノに愛情を覚え別れることを諦める。

　だがある日、ザンパノは、いつも自分をからかってばかりいるイル・マットを殺してしまい、ジェルソミーナは正気を失ってしまう。ザンパノは、頭がおかしくなったジェルソミーナが自分を裏切るのではないかと疑い、眠っている彼女を置き去りにして身をかくす。独りになったザンパノは

やがてジェルソミーナが死んだことを知る。

　彼女のいない人生がいかに空しいかを悟ったザンパノは独り海を見ながら、ジェルソミーナとわが身を思ってむせび泣くのだ。

3　人間的な、より人間的なタンゴ世界

　『道』は1950年代後半の作品である。それから約50年後の、2011年に制作された『SHAME』との違いは何だろうか。

　ブランドンの世界には人と人とのつながりがない。人間的な感情がほとんど欠如している。セックスも極めて無機質だ。恋人同士だとセックスはうまくいかず、娼婦とはうまくいく。そこに見えるのは、人間的な交流や感情がなく極めて無機質な情感のない性の営みだ。

　ところがザンパノには人間的な感情が横溢している。ジェルソミーナを失った悲しみがある。ブランドンにはそんな悲しみはない。人とのつながりがない、人と人との関わりがまるでないのだ。

　なぜかこの二つの映画作品を比べて「タンゴの世界」を思った。タンゴはまさに人と人との濃密な関係性を描いたドラマだといえるだろう。最もタンゴ的世界とは対極にあって、決して無視できない領域にあるもの、それが『SHAME』の世界であり、『道』の世界こそタンゴそのものではないだろうか。

　タンゴは実に人間的な世界を描いていると思う。

　そこで、私の好きなタンゴを5つほど古い順から取り出して考えてみたい。

　まず、『Mi noche triste（わが悲しみの夜）』（パスクアル・コントゥルシ作詩　サムエル・カストリオータ作曲）を挙げよう。1916年の作品、カルロス・ガルデルがタンゴ歌手として歌った最初の曲だ。ガルデルはこの作品を気にいり、レパートリーにしている。

俺の人生が一番良かった時に

俺を捨てていった女

俺の魂を傷つけ

心に刺を残したまま…俺がおまえを愛していることも

おまえが俺の喜びであり

燃えたぎるような夢だということも

みんな知っていながら

俺にはもう慰めもなく

おまえの愛を忘れようと

酒に身をまかせている

（西村秀人訳、CD：SC-3140-41 カルロス・ガルデル『大いなる遺産』）

　次は『Volver（帰郷）』（アルフレド・レ・ペーラ作詩　カルロス・ガルデル作曲）だ。1935 年、映画『想いの届く日』でガルデルが主演し自ら歌った。

　帰郷

　額にはしわ　私のこめかみには

　時を感じさせる白いもの

　今実感している人生なんてただ一吹きの風

　二十年なんて取るに足らない

　視線は熱く

　闇の中をさまよい

　おまえを探してその名を呼ぶ

　生きてゆく

　そのたび泣けてくる

　甘い昔の想い出に

　つながれたまま

（西村秀人訳、前掲作品から）

　レ・ペーラはもともと脚本家で、映画『メロディア・デ・アラバル』（場末のメロディー）の脚本も書いている。この『場末のメロディー』も私の大好きなタンゴ映画である。

4　郷愁（ノスタルヒアス）がタンゴを生み、心を癒す

　『Nostalgias（ノスタルヒアス）』（エンリケ・カディカモ作詩　フアン・カルロス・コビアン作曲）1936年の作品。この作品は、失った恋へのノスタルジーをテーマにしている。

　私は心を酔わせたい
　苦しいこの愛を消すために
　バンドネオンよ
　灰色のタンゴを嘆け
　おまえもセンティメンタルな愛に傷ついているのか
　懐かしい！
　彼女の狂おしい笑い声
　炎のような息吹き
　兄弟よ
　私は乞いたくない
　泣きたくない
　もう生きられないと言いたくない
　悲しい孤独の中から
　私は見るだろう
　青春のバラが死んで落ちてゆくのを
　（石川浩司編、飯塚久夫・蟹江丈夫・高場将美・高野利雄著『タンゴ名曲事典』）

『Uno（男とは…だ）』（エンリーケ・サントス・ディセポロ作詩　マリアーノ・モーレス作曲）は、1943年の作品だ。

　すでに失ったと同じ心を今もぼくが

　持っていたのなら

　昔ぼくの心をずたずたにした女のことなど忘れて

　君を愛することができたのなら

　情熱をこめて

　君を抱き

　ぼくも恋の涙を流したかも知れない。（中略）

　君のような清らかな女性は

　その愛で

　ぼくの希望をかなえてくれたかもしれないのに苦しみの中で男は

　ただ一人

　ただ一人煉獄の責め苦を受けるものなのだ

　けれど残酷な冷たさは憎しみよりも尚始末が悪い

　どうすることもできない魂の廃趾

　身の気のよだつ愛の墓場

　ぼくは永遠に呪う

　だって

　すべての夢をぼくは奪われたのだから

　（細川幸夫著『対訳註解　永遠のタンゴ』）

　そして最後が『Sur（南）』（オメロ・マンシ作詩　アニバル・トロイロ作曲）だ。

　サンファンとポエド通りの古い街角

　そして一面の空

ポンページャ地区

その先は洪水

思い出の中の恋人のきみの黒髪

そして〈さようなら〉の中に浮かぶきみの名前

鍛冶屋とぬかるみと大草原の街角

きみの家

きみの歩道

そして軒先

そして雑草とアルファルファの薫りが

ふたたび私の心を満たす

南…土の長い塀…南…酒屋の明かりひとつ

もうきみは

昔のように店の窓に寄りかかって　きみを待っている

わたしを見ることはないだろう

もうわたしは

ポンページャ地区の夜ごと夜ごと

静かに語り合うふたりの歩みを

星たちで照らすことはないだろう

場末の通りたちと月たち

そしてきみの窓にいるわたしの愛

すべては死んでしまった　もうわたしにはわかっている…

（高場将美訳）

5　タンゴ、望郷への魂の叫び

　移民の街、ブエノスアイレスの港町ボカ。その裏町ボカで恋に生き、また女に振られ、人生に彷徨った末の彼らの望郷の念は、痛いようにわかる。しかしどうしてこうも、失われた恋や過ぎ去った日々に拘泥するのだろうか。強い懐郷への想いがそうさせるのだろうか。

フランス船からブエノスアイレスに上陸する移民たち（1900年代初頭）

「（深い哀愁とはげしい訴えをもつタンゴの性格の）根本は、悲劇性を好む民族の性格に由来するもの」（『タンゴ入門』大岩祥浩、島崎長次郎、中島栄司共著）だという指摘もある。しかし、もし「悲劇性を好む」というのであれば、それは民族性と言い切れないのではないか。もともと固有の民族性というものは確固としてあるわけではないと思う。その時々の社会状況や環境、その民族を取り囲む状況によって性格は規定され生まれてくるものではないだろうか。

　言えることは、異郷に来て挫折を体験し、過去を悔やむ想いなどをナルシスティックに語り、そのことによって自己を慰め、後悔に満ちた過去を乗り越えたいと思う人々の心情である。それは同じような状況に置かれれば、どのような人間であれ民族であれ、大なり小なり、そのような心情に浸るものだと思う。

　私が考えるのは、タンゴはなぜ過去に固執するのか、なぜ回想なのか、ということである。なぜ綿々たる恨み節なのかである。それも多くは男

の悔恨の情だ。タンゴほど孤独な男たちのメランコリックな心情を歌っているものはない。

　こうも言えるのではないか。タンゴは何故、未来を語ろうとしないかである。

　タンゴは、およそ前向き志向でない。いわゆるポジティブ思考でもない。タンゴほど、生産的ではなく、科学や工業や経済の発展を目指すといった発想からはほど遠いものはない。というよりも、まるで反対の発想だ。更に言えば、タンゴほど国家的発想から嫌われるものはないと思う。そこに私などは魅力を感じ、もしかしたらそれはタンゴの本質の一つではないかとも思う。

　ある種のマゾヒズムの心理に浸っているとも言えそうだ。故郷に帰りたくとも帰れないやるせなさ。新天地で夢破れた男たちの、故郷を遠く離れた深い思いと侘しい想い。その憂鬱なる心情が痛いように響き、そこに私（たち）の想い、聴くものの思いが重なる。

1900年代初頭のブエノスアイレスの陋巷の子供たち

自ら命を絶つわけでなく、生きる。生きなければいけない。苦しい現実の中で傷ついたやるせないような感情。荒んだ気持ち。そんな心模様を郷愁（ノスタルヒアス）は癒してくれるのだと思う。

　移民たちの夢破れた思い、その挫折した心情を癒してくれるのはナルシスティックに「自らの物語」を創ることにあるのかもしれない。「自らの物語」を創ることによって、辛うじて生きることができるのだ、とも言えようか。

　夢破れた過去の移民たちの亡霊が、今なお連綿とブエノスアイレスの男たちにまとわりついているのかもしれない。ブエノスアイレスが「精神分析の都」（大嶋仁著『精神分析の都　ブエノス・アイレス幻視』）といわれる所以も、そんなところに遠因があるのかもしれない。

第3章

タンゴの心は
孤独を癒やす
静寂にある

映画『タンゴ・レッスン』から見えてきたもの

　サリー・ポッターの映画作品『タンゴ・レッスン』が1997年に公開された時、ある新聞のコラムで、「現代人のアイデンティティー」をキーワードにして、この映画を論評したことがある。

　映画は、監督であるサリー・ポッターがシナリオを書き、自身も俳優として作品の中で映画監督として登場する。パリで出会ったアルゼンチン・タンゴダンスに魅せられたサリーが、タンゴダンスを習い、その先生であるパブロ・ベロンというダンサーと恋に陥るという話である。

　しかし単なるラブストーリーではない。当然のように、二人の間には甘美な時間もあり、喧嘩もあり嫉妬もある。さらに、二人の出会いは偶然だったのか、それとも運命的だったのかと哲学的に論じ合う場面などが出てくる。ともかく刺激されることが実に多かった。今回この原稿を書くために改めて映画を見直し、またいろいろな思いを触発された。

根無し草として浮遊する現代人

　まず簡単に、映画のストーリーを紹介しよう。

　ロンドンで新作映画の脚本を書いているサリーは、旅したパリでタンゴの調べに誘われるかのように劇場に入り、アルゼンチン・タンゴダンスに出会う。そこで踊っていたプロのダンサー、パブロ・ベロンのダンスに魅せられ、彼からレッスンを受ける。そうして二人の間に愛が進行する。

　サリーは束の間の休暇をふと思いたち、ひとりブエノスアイレスに行き、二人のダンサーからレッスンを受け、ますますタンゴダンスに魅せられていく。

　パリに戻ったある日、二人はこんな会話を交す。

パブロ　「人間の出会いに理由があると思うか？」

サリー　「偶然を信じるわ。運命は、あとから作られるものよ。意思の力で」
　　　　「人生に筋書きはないわ。人間の行動は超自然的な力に左右されないわ。つまり私は、無神論者よ。でも自分がユダヤ人だと感じるわ。あなたは？」

パブロ　「僕はダンサーだ。そしてユダヤ人だ」

　二人は手を取り合い、見つめ合う。パブロの頬に流れるのは一筋の涙だ。そのバックに流れるのはクレズマー音楽である。クレズマー音楽とは、東欧のユダヤ人たちが結婚式などのさまざまなセレモニーで演奏する音楽であり、その後、アメリカに流れついたユダヤ人たちがジャズなどを吸収しながら花開かせた音楽だ。

　ラスト近く、パブロはサリーに問いかける。

　「答えてくれ。ユダヤ人の気持ちとは、どんなものか。僕はシナゴーグ（ユダヤ教会堂）で安らぎを感じない。教会でも同じだ。僕はフランスで暮らしても、よそ者だ。故郷に帰っても異邦人だよ。怖い」

　「何が？」と聞くサリーに、パブロはこうつぶやく。

　「根無し草だからさ。どこから来て、どこに行くのか。消え去る自分が

怖い。何も残さずに…」

パブロは私（たち）である！

　サリーはパブロの不安を慰
めるかのように「だから私た
ちは出会ったのかもしれない
わ」と答える。そうして二人
は見つめ合い、抱き合う。サ
リーはパブロを見つめながら、
『アイ・アム・ユー』を歌う。

　"あなたと踊ると私は感じる
の／あなたを知っていると／

踊るサリーとベロン

ずっと昔から／あなたは私／私はあなた／一人と一人／そして二人"

　生まれ育ったブエノスアイレスに帰っても異邦人、プロダンサーとし
て暮らすパリにいてもよそ者だと意識せざるを得ないのがパブロである。
故郷でも拠るべき自己のアイデンティティーに不安をもつパブロの思い
こそ、先祖の土地から切り離され、大都会に浮遊するかのように生きる
現代人の心模様でもあるといえるだろう。心の深い奥底に眠る「孤独」
への不安と恐れこそ、私たちの根底にあるものだと言っていい。

　そんなさ迷える心の先端に、タンゴはまさに突き刺さっている。

9.11後のニューヨーク　3.11後の日本人

　超高層ビルの世界貿易センターが瞬時に崩壊した9.11事件後、ニュー
ヨークのミロンガ（アルゼンチン・タンゴダンスが踊れるサロン）は人々
でにぎわったという。揺るぎ無く、確固として立っていたビルが跡形も
なく消えてしまった。そこに生きていた人々の恐怖、言いようのない不
安はどれほどのものだったろうか。

　物悲しく哀愁を帯び、切ない響きを持つタンゴの調べに乗って、一人

の男と一人の女が体を密着して踊るタンゴダンス。その中に、深い安らぎが潜んでいる。そのことをからだが知っている。からだが感じている。

3.11 大震災後、独身者たちが結婚相談所に駆け込むように登録し、婚活が活発になったという。結婚への要求が高まっている。また独身者が部屋をシェアして使うライフスタイルも増えたという。里親になりたい人たちが去年より 2 倍増えたと新聞は報じている（「朝日新聞」2011 年11 月 29 日付）。孤独への不安を改めて意識するようになったのだ。

今は亡き、伝説的なタンゴダンサーであるカルロス・ガビートにインタビューした時、「タンゴを踊る時にはステップを思い出すのではなく、自分自身の内面にあるものをあたかも魔術のように発見しながら踊ってほしい。一番大切なのは、音楽をよく聴きながら二人があたかも一人であるかのように二つの心が一つになって踊っていくことなのだ」と語った。まさに『アイ・アム・ユー』を歌うサリー・ポッターである。

またガビートは、ある親しい人にこう語った。

「心の中にある孤独を踊るのがタンゴだ。心の空洞をこの踊りで埋め尽くすのだ」。

そして「アブラソ（抱擁）がタンゴの中で一番大切なのだ」と。

社交ダンスと違って、アルゼンチン・タンゴダンスは、ホールドとは言わず、アブラソ、つまり抱擁と言う。タンゴダンスは抱擁で始まり抱擁で終わる。アブラソ、それが最も大切なのである。

ブエノスアイレス駐在の平山亜理記者の記事（「朝日新聞」2010 年 12月 14 日付）によれば、アルゼンチンでは、タンゴを踊って病気を予防し治療に役立てる「タンゴ・セラピー」が広がっているという。心臓病専門医であるリカルド・コマスコさんは、「異性のパートナーと体を密着させて踊る。一人で行う他の運動との違いは、抱擁。精神的にもいいはず」というコメントを寄せている。

「苦しめばタンゴがわかる」

『タンゴ・レッスン』の中にこんなシーンがある。ブエノスアイレスで
サリーがタクシーに乗ると、ラジオからタンゴの曲が流れてくる。サリー
が運転手に、「『ガージョ・シエゴ』ね。違う？」と聞くと、運転手は驚き、
「出身は？」と尋ねる。「ロンドン」とサリーが答える。

「タンゴの曲名を知っているのか？」「知っているわ」という会話の後、
運転手がこう言うのだ。「精一杯生きるんだ。そして苦しめば、タンゴが
わかるようになる」

タンゴは大人の音楽なのである。苦労知らずのお嬢さんやお坊ちゃま
の音楽ではない。そんな彼らも人生を生き、苦労を重ねてくるに従って
癒されてくるのがタンゴと言えよう。

「タンゴは過去の悲しみや人生の哀歓を歌っている。つまり過去を背
負っている。人生を背負っている。タンゴは追憶でできている。その心
の奥深い感情や情感を踊りで表現するのがタンゴダンスというものだ」
（ガビート）

タンゴの心は静けさの中にある。

サリーは映画について、こうも語っている。

「相手に密着し、メランコリックでうっとりするようなダンスこそタン
ゴなのだ。タンゴそのものの、愛すべき、官能的で本能的、歓びあふれ
る世界が次第に"真剣な"仕事へと変わっていった。そしてストーリーに
ある通り、当初はダンスの探求としてスタートしたものが、ひとつづき
の人生のレッスンへと変わったのである」

「踊れば踊るほど、私は多くの教訓を学んだ。このもっとも肉体を使う
厳しい芸術が、根本的には静止についての芸術であることを知った。タ
ンゴはその芯において、静寂を表現するための手段なのだ。あのパフォー
マンスは目に見える外側の姿よりも、目に見えない内面の方を表現する
ものなのだ。決して何かを"見せよう"とはしないのだ」

ここでまた、2002年、ガビートにインタビューした時のことを思い出す。同席した当時のパートナー、マリア・プラザオーラが次のように語った。彼女は初めての来日だった。

　「京都で昔ながらの旅館に泊まった。入る時は不安だった。しかし、そこで見たのはきれいな畳と静けさ。謙虚で慎み深く相手を思いやるきめこまやかな心の深さをもつ日本人だった」と。そんな日本人がどうしてバタバタと踊るのだと批判した。

　一見華やかで激しい踊りのように見えるタンゴダンス。ドラマティックに演奏され、時にはリズミカルに聞こえるタンゴ。しかし、タンゴは静けさの中にその生命を宿している。まさに静寂さの中にこそ、タンゴの本当の心が秘められているのだ。

映画の一シーン。ミロンガで踊るサリー、相手はプロのカルロス・ゴメスだ。

第4章

タンゴの真髄は
回想にある

もう一つのタンゴの都

　先日、『ムヒカ　世界でいちばん貧しい大統領から日本人へ』というド
キュメンタリー映画を観た。

　南米のウルグアイの大統領だったムヒカさんは、その質素な暮らしぶ
りから、「世界でいちばん貧しい大統領」と言われた。

　ムヒカさんは、ウルグアイの首都モンテビデオの郊外に生まれた。ウ
ルグアイは周知のようにタンゴの好きな国である。好きというより、タ
ンゴ発祥の地だというこだわりもあり、一時は、アルゼンチンとその点
で大いに争ったが、最終的に、ウルグアイもアルゼンチンも揃ってタン
ゴを世界無形文化遺産としてユネスコに申請し、2009年認可された。

　映画を観ると、友人が若い時代にムヒカさんを訪ねると、いつもタン
ゴのレコードがかかっていたと言う。冒頭のシーンは、日本人の制作者
がインタビューするために、車でモンテビデオ郊外の彼の自宅に向かう
ところである。なんとそのシーンにタンゴが流れているのだ。「タンゴ二

都物語」を創るとしたら、それこそブエノスアイレスとモンテビデオの両都市になるだろう。しかしどういうわけか、モンテビデオの方はブエノスアイレスに比して影が薄い。

再開されたレココン

　さて、コロナ禍の中、タンゴダンスのミロンガもこの3月から中止、ダンス仲間とは時に、電話で少しばかり話す程度で、本当にタンゴ世界とは切れてしまっていた。仲間の友人の一人は、ミロンガの中止などで、ダンスの世界から離れてしまう人も出てくるのではないか。中には、ダンスも忘れてしまって踊れなくなる人も出てくるのではないか、と言う人もいた。

　考えてみれば、聴くだけでなく、タンゴの世界に入ってからほぼ25年、こんなにダンスを休んだことは初めてのことである。レココン（レコードコンサートの略称）もずっと中止である。

　そんな中、日本タンゴ・アカデミーの会員でもあり、「スエニョス」という名のミロンガを主宰する黒木皆夫さんからファクシミリで、10月24日の土曜日にレココンを開催する旨の通知をもらった。

　このところ、レココンにはずっとご無沙汰続きだったが、よし、久しぶりに出かけてみるかと思い、東京・四谷の区民センターに出かけた。通常は、信濃町の東医健保会館などで月に1度、週末に行われていたのだが、会場側から、「参加者は老人が多いから」と断られていたという。年寄りはコロナに感染しやすい、ということのようだ。

タンゴは老人の音楽である!?

　老人か!?　ヤレヤレ。しかし老人と言われて嘆く必要はない。「タンゴは老人の音楽である」と言って何が悪い。老人というよりも、人生の辛酸や哀歓を充分に味わった者にも堪え得る音楽がタンゴだ、という証拠であると言えるだろう。

バンドネオンを演奏する黒木皆夫（中央）率いるスエニョス楽団（撮影：大類善啓）

　タンゴは若者の音楽でなく、老人の音楽である。そう、まさにそうだ。長く人生を生きて苦労を知り尽くした老人と違って、苦労を知らない若者たちにわかるようなタンゴではない、ということでもある。いや、若者でもタンゴを好む人はいるだろう。かつて、今は亡きタンゴダンサーのカルロス・ガビートにインタビューした時、彼は若い人でも、タンゴダンスが全く向いていないというのではないと、こう語った。

　「小さい時に親を亡くしたり、幼い頃に人生の辛酸をなめた体験がある人だと、もしかしたら僕より人生がわかっているかもしれない。若い人というのは、単純に年齢のことだけのことではないのです」。（『ダンスファン』2003年1月号所収）

　タンゴはまさに、人生を深く愛し、それ故に悩み、苦悩したであろう人々に安らぎを与える音楽と言っていいだろう。スペインやイタリア、そしてロシアや東欧から移住してきたユダヤ人たちによって創られたと言っ

ていいタンゴは、そういう意味で深い哀愁に満ちた人々の心の底にしみわたる音楽なのだ。

ロシータ・キロガと藤沢嵐子

聞けばレココンも、コロナ禍で休止していて、前月に再開したようだが、私は通知を受けなかったので参加しなかった。仮に知っていても出席しなかった可能性も高い。以前は、と言っても何年前になるだろうか、レココンにもよく出ていたのだが、このところ忙しく、土日も雑文書きに追われていたりするのだ。

休憩の時、黒木さんが私のところに来て、「来月の三曲選に大類さんも出してよ」と言われた。結果的に私がやるのは、新春の1月例会になったが、黒木さんからの依頼なら、嫌も応もない、承諾した。

その後、椅子に座って、三曲選ねぇ、さぁ何を選ぶか？　と思いつつメモ用の紙を出したら、すぐにロシータ・キロガの歌を出そうと思った。続いて、アダ・ファルコンの名前が思いついた。それでは女性歌手の3曲ということで、アドリアーナ・バレーラから1曲を選ぶかと考えた。

休憩明けの三曲選の最後は、宮本政樹さんの担当だ。宮本さんは最後に、藤沢嵐子の『水色のワルツ』を選曲された。藤沢嵐子も亡くなって何年になるだろう。そういえば、彼女の著作にあったロシータ・キロガに触れた文章を思い出した。

嵐子の晩年を彷彿させるようなロシータ・キロガの思い出だ。嵐子がアルゼンチンに出かけた際、ビクターレコードの支配人が招待してくれた別荘で、ロシータに会った時だ。嵐子はこう書いている。

「私が前からぜひ会ってみたいと望んでいた、その昔の名歌手ロシータ・キロガを招待しておいてくれた。この時、キロガ女史は、自分でギターを弾いて歌ってくれた。けれど自分はもう歌には何の興味もない。タンゴ歌手であった過去を思い出したくもない、と言っていた」。

ロシータの気持ちはよくわかる。また晩年の嵐子が東京を離れて新潟

の長岡市に移り住み、今までのタンゴ関係者と距離を取ったという気持ちもわからないでもない。しかし、しかしである。過ぎ去った時代を回想することは、自分自身にとってもとても意味があるのである。たぶんロシータも嵐子も意識する中では「思い出したくない」と思いつつ、昔を回想することはあっただろうと思う。

タンゴの真髄は回想にあり

　が、ここで私が言いたいのは、回想することは決して後ろ向きの姿勢ではないということである。

　アメリカの医学者、ロバート・バトラーは、「高齢者の回想は、死が近づいてくることにより自然に起こる心理的過程であり、また、過去の未解決の課題を再度とらえ直すことも、それを導く積極的な役割がある」と提唱したという。

　『回想法への招待』という著作がある野村豊子氏は、「人生は過去の体験や出来事が、縦糸や横糸となって織り成される1枚の織物のようなものだ。この1枚の織物に織り込まれている過去の出来事、出会った人々、懐かしい場所や景色、聞き覚えのある声や歌、昔に味わった食べ物などを当時の思いと共に回想する」ことは、高齢者にとって豊かに生きていくために自然なことだと言っている。

　高齢者や認知症にかかった人の対症療法に、回想法が取り入れられるのは、それ故である。

懐かしい店

　神保町のタンゴ喫茶「ミロンガ」は、20歳ごろから週に1度ぐらいは通っていたと思う。今でも事務所から歩いて数分で行けるので、時に思い出したように「ミロンガ」に行くことがある。客層も違い、店の雰囲気も昔と若干違っている。しかし「ミロンガ」に入り、椅子に腰かけると、やはりなんともいえず、いい。座ってタンゴを聞いていると、昔日の日々

が時に蘇ってくる。タンゴは若々しい感性を呼び戻してくれるのである。

神保町のタンゴ喫茶 ミロンガ（撮影：大類善啓）

タンゴの豊かさと永遠性

『ラ・クンパルシータ全集』を聴いて

「タンゴといえば『ラ・クンパルシータ』。『ラ・クンパルシータ』といえばタンゴの名曲」と、決まり文句のように言われる『ラ・クンパルシータ』はタンゴファンでなくとも、タンゴの曲名だと知られているほどポピュラーな曲だ。それ故だろう、大衆的な音楽愛好団体がアルゼンチンから招聘するタンゴ楽団のコンサートでの最後の曲がいつも『ラ・クンパルシータ』だ。この曲が流れ出すと、とりわけタンゴ通とも思えない多くの聴衆からは、このステージも最後かと拍手喝采だ。

タンゴ通はそんな風景をやや冷ややかに見るか、微笑ましく見る。そんなこともあってか、タンゴ通を少々自称する人の中には、この曲は嫌いだと言ったり、敬遠されたり、時に疎んじられる。しかしともあれ、最も多くの人たちに知られているこの曲の名演奏50曲がCD2枚組の『ラ・クンパルシータ全集』として、このほどオーディオパークから発売された。収録された曲はすべて、日本タンゴ・アカデミー名誉会長・島崎長次郎氏の秘蔵コレクションからである。

ディスク1はアルゼンチン編。最初はロベルト・フィルポ楽団、1916年の録音だ。

1926年録音のペドロ・マフィアとペドロ・ラウレンスのバンドネオン二重奏に続いてカルロス・ガルデルの歌、そして夢破れた男の人生を切々と感じさせるロベルト・ディアスの歌、「端然として格調が高く、聴くたびに新たな感動が聴くものを揺さぶる」（島崎氏）カジェタノ・プグリシ楽団、少々のノイズも歴史を感じさせる1929年の録音だ。

フリオ・デ・カロ、フランシスコ・カナロ、フランシスコ・ロムート、アンヘル・ダゴスティーノ楽団ではアンヘル・バルガスがワンコーラスだけ歌っ

ている。ピアノの連弾の後に続くヴァイオリンのピッチカットが響くエンリ
ケ・ロドリゲス楽団、トロイロとグレラ四重奏楽団の演奏では「ブラボー！」
思わず声を出してしまう。ニコラス・ダレッサンドロ六重奏団の熱い演奏、
エドモンド・リベーロの歌に続いてフリオ・ソーサが全編、レシタード（吟
唱）だ。亡くなる3年前、1961年の録音のもの。伴奏はレオポルド・フェ
デリコの演奏である。

　CD2には、ピアソラ、トロイロ、ダリエンソ、ディ・サルリ、プグリー
セの演奏。時には、ジャズ歌手ダイナ・ショアーが英語で歌っている曲もあ
る。そして日本からは奥田良三が日本語で朗々と歌い、櫻井潔楽団で柴田睦
が歌い、また淡谷のり子、黒木曜子、そして藤沢嵐子と、個性あるタンゴ楽
団や歌い手たちが唄うラ・クンパルシータ。演奏パターンも違い、実にバラ
エティーに富んでいる。ぜひそれぞれの個性を聴き比べてほしい。

　思えば、1917年のロシア革命、ナチスの台頭、第二次大戦、そしてアプ
レ・ゲールと言われた時代、激動する20世紀の歴史の中、ずっと人々からラ・
クンパルシータは愛されてきたのだろう。そして改めて、ラ・クンパルシー
タの魅力を思い、名曲である所以を実感するだろう。同時にタンゴの歴史を
しみじみと思う。タンゴファン必携の全集である。

第 5 章

日本に根を下ろした 『ブエノスアイレスのマリア』

2014.7.15 板橋区立文化会館大ホールでの公演を聴く

　早めに入場すると大きいホールは徐々に人々で埋まってくる。ほぼ満席である。いつものことだが、ピアソラ公演ではタンゴ仲間を見ることは少ない。それでも二人の知人に出会った。会場に入ってくる人たちを見ていると、どういうわけか年配の女性が多い。雰囲気から察すると、今までのタンゴファンではないような気がする。たぶんタンゴダンスも知らない人たちのではないか、そんな感じがした。

　後で知人に訊けば、小松亮太（以下、亮太と略す）は、今度の公演は「下町でやりたい」、という話だったらしい。東京の東上線「大山」駅そばのこの会場は、私の「下町」概念からすると違う。要は庶民的な街で公演したいということではなかったか。亮太の言葉が本当かどうかは別として私自身、板橋区立文化会館に足を運んだのは初めてだった。公演前に主催者は、亮太によるタンゴ教室を開いたという。月刊誌『ラティーナ』でその情報を得ていたが行けなかったが、そういう教室の効果もあり、あまりタンゴになじんでいない人たちも会場に詰めかけたのではないか。

これはあくまでも私の推測である。

難解な詞を超えて聞えてくるもの

　出演者が舞台に勢ぞろいした。演奏する前の冒頭、亮太は今日の演目について丁寧に解説をした。「登場するマリアはタンゴの化身かもしれません。詞は言葉の韻を踏んでいます。しかし難しくて、なかなか解りません。実は、彼の地の人に詞の内容は解るか訊いたところ、スペイン語で聴いても意味が解らないと言っていました。アルゼンチン人が聴いても何を言っているのか解らないということです。アルゼンチンは移民の国です。イタリアやスペインからやって来た人々の末裔で、そこにいるインテリは、複雑なコンプレックスを抱えています」というような趣旨の説明を行った。

　聴衆に「詞は難しいかもしれないが、そんなことを気にせず、大いにピアソラのタンゴを楽しんで聴いてください」という思いやりなのか、なかなか心遣いが優しい。

　昨年（2013年）、亮太が強力に推進したアメリータ・バルタールを迎えての『ブエノスアイレスのマリア』（以下、タイトル全体を表す時は『マリア』とし、単なる主人公として表す場合は「マリア」とする）の公演に出かけた。素晴らしい公演だった。これ以外にも、ギドン・クレーメル率いるオーケストラ「クレメラータ・バルティカ」とフリア・センコ主演の『マリア』公演、またミルバが演じ歌った〈マリア〉も聴いたことがある。その折りには字幕で歌詞の日本語訳がスクリーンに映し出されていた。

　アストル・ピアソラ（作曲）とオラシオ・フェレール（作詞）の名コンビが創作したオペリータ（小オペラ）と名付けたこの組曲の詞は、確かに難解だ。字幕に映し出された日本語を追っても正直言って素直に頭には入ってこない。亮太がいみじくも語ったように「アルゼンチンの人

たちがスペイン語で聞いても解らない」と言うほどの難しさなのである。

　私が敬愛してやまないラトヴィア出身のユダヤ系ヴァイオリン奏者ク
レーメルは、こんなふうに言っている。「詩は、翻訳するとその本質を失っ
てしまうことがしばしばある。『マリア』の台本に関してもその危険はあ
り、実際これはほとんど翻訳不可能な側面を持っている。全体の内容は
きわめて象徴的で、超現実的であり、同時にブエノスアイレスの生活に
深く根ざしている。さらにここで使われている比喩は、外国語には移し
替えられない性格のものである」。「マリア・ファターレ」（クレーメル／
ピアソラの『マリア』CD から）と題した文章で、このように書き、こ
の曲の価値はタンゴの概念だけで捉えられるものではないと言う。逆に、
タンゴはピアソラ／フェレールという黄金コンビの『マリア』によって、
さらに豊かなものになったと言う。そして、『マリア』体験を通して「わ
たしは常日頃から、「自分はピアソラに恋しているのだ」と言ってきた。
しかし『マリア』の後、わたしはこれが本当の愛になったのを感じている」
とまでクレーメルに言わせるのだ。

マリアに体現された愛と哀しみのタンゴ

　確かに詞を追いかけてもストレートに頭に入らないが、しかし、組曲
『マリア』に素直に耳を傾けていると、本当に素晴らしい。このピアソラ
作品は紛れもなく、アストル・ピアソラの最高傑作であると思う。
　アメリータ・バルタール主演の時のナレーターは、ギジェルモ・フェ
ルナンデスだった。ギドン・クレーメル／フリア・センコの公演の時は、
作詞者であるオラシオ・フェレール自身がやった。しかし今回のナレー
ターは片岡正二郎の日本語によるものだ。私は初めて片岡を知ったが、
芝居の役者として活躍しているという。
　本稿では、台本や物語について 3 つの CD、即ち、2013 年『小松亮太
デビュー 15 周年記念アルバム』アメリータ・バルタールを迎えたライブ

版を主に、とりわけ対訳については比嘉セツに依った。また1997年、98年に録音されたギドン・クレーメル＆クレメラータ・ムジカ版、そして1968年8月録音されたオリジナルキャスト版などを参考にしている。

　さて、第一部第1場「アレバーレ」が始まると、もうピアソラの世界である。

　アレバーレは「タンゴの演奏を始める合図」だという。ピアソラ独特の哀しみの旋律、そして躍動感。狂言回しでもある小悪魔が語る。「今もう二度と戻らぬ　少女マリアよ」

　第2場「マリアのテーマ」では、マリアを演じるSAYACAが、ラララ　ラララーと独白のように詞のない歌を歌う。鬼怒無月のギター、井上信平のフルートが冴えわたる。第3場「狂ったストリートオルガンへのバラード」では、小悪魔は「少女マリアは7日で大人になった」と告げる。小悪魔という存在の語り部である片岡のやや高い声が、初めの頃は私には気になった。

　やや上ずったように聞えた片岡の声だが、日本語によるナレーターという本邦初の公演に緊張しているのかもしれない。もう少し低くて、太い声が欲しいところだ。しかし片岡もだんだんと乗ってきて、曲が進むうちにとても良くなってきた。

　小悪魔が言う「すべての女性の中で　忘れ去られたお前」。そしてパジャドール（大草原の吟遊詩人）は「ブエノスアイレスの悲しみのマリア」と何度も呟くように歌う。

　第4場、少女マリアに捧げる「カリエーゴのミロンガ」に続く第5場のインストゥルメンタル「フーガと神秘」に入ると、もう完全にピアソラ世界に酔ってしまう。演奏陣11人のアンサンブルも絶妙で申し分ない。独立して演奏されることも多いこの曲だが、ここから第7場までが第一部のクライマックスと言っていいだろう。

　第7場「罪深きトッカータ」は、亮太のバンドネオンが時にむせび泣くように聞え、時に怒りを爆発させるように胸に迫ってくる。

この会場では亮太が1曲ごとにまず曲名を言い、時に短い説明をする。聴衆は曲が終わるごとに熱い拍手を送るが、この7場の後はとりわけ熱烈な拍手が続いた。

第8場「古代の盗賊たちのミゼーレ」 古代の盗賊たちの声「喘ぐマリア　祈りのマリア」。そして売春宿のマダムたちの声「古代の大盗賊たちよ　彼女の心は…死んでいる！」

娼婦マリアの心がすでに死んでいるという。マリアは死んだ！

存在感を見せたSAYACA

第2部第9場「葬儀に捧げるコントラミロンガ」。

小悪魔が「ブエノスアイレスのマリアが初めて死んだ」と語る。初めて死ぬ?!　人は何度も死ぬのだろうか。何度も死に、生き返る。輪廻転生を意味するのだろうか。西洋の神話や伝説でも死と再生のドラマはある。死んだマリアは、さて…

「マリア」がタンゴの化身なら、タンゴは紆余曲折を経ながら、不死鳥のように今、生き返っていることを語っているのだろうか。

第10場インストゥルメンタル「夜明けのタンガータ」、第11場「街路樹と煙突への手紙」と続いた後は、一番長い9分ほどの曲、第12場の「精神分析医たちのマリア」だ。

ブエノスアイレスのサーカスに精神分析医が登場し、マリアの分身"マリアの影"に問いかけ、彼女の深層心理を開かせようとする。

マリアは心の奥底を、無意識の闇の中に潜む声を語る。精神分析医と"マリアの影"とのドラマ的なやりとりが展開される。「目を閉じて　マリアそうすれば見えるから　平らな中庭に　歌がひとつ　そこに聞こえてくるだろう　それは君の母さんの嘆き？」マリアは「分からない」「そんな筈はない」と言い、戸惑いながら精神分析医と対話を交わす。

日本では精神分析医は本当になじみがない。が、聞くところによると、ブエノスアイレスのインテリたちにとって、精神分析医は極めて身近な

マリアを熱唱する SAYACA

存在のようである。少しばかりの不安定な精神状況に陥ると、すぐに精神分析医のドアを叩くという。

実は今回の公演で主役のマリアを歌い、タンゴの歌い手として一層の表現力と存在感を見せた SAYACA は、ブエノスアイレスに 6 年ほど滞在し、アメリータ・バルタールなどに師事し、タンゴ歌手として素養を培っている。その彼女が公演に先立ち、友人たちに送った文章の中に、この『マリア』に占める精神分析医について語っている部分があるので紹介しよう。

ポルテーニョ、ポルテーニャに見る精神分析の様相

〈ブエノスアイレスの中流階級以上の人は、一生に最低一度は精神分析を受けた経験がある、というほど、人々の生活に根付いているものであり、日本で言えば、マッサージや占いに行くぐらいの気軽さで、人々は精神分析に通います。例えば、何かに悩んでいる人がいると「私の精神分析医を紹介してあげるわ」「僕のこの前の精神分析医はとても良かったから、連絡先を教えてあげるよ」という風に、日々の生活の会話の中でも、「精神分析」（直訳は psicoanálisis ですが、日常で使われるのは "terapia テラピア" = セラピー）という言葉は、非常に良く使われます〉というほどだという。

また、私の親しい友人で、大学を卒業するまでブエノスアイレスで育った女性は、「精神分析医に通うことが、あたかも自分がインテリの証拠であるかのような精神状況がブエノスアイレスにある」と言う。

これほど近しい存在である「精神分析」は周知のように、19 世紀末の

ウィーンで育ち暮らしたユダヤ人、ジグムント・フロイトが発明したものである。世紀末ウィーンの不安の時代に生きたフロイト自身、絶えずユダヤ人であるというマイノリティー（少数派）としての不安や、人々が共有する偏見や幻想を取り除きたいというところから生まれた精神分析は100年を経て今、ブエノスアイレスの知識人たちをも虜にしているようなのだ。

　ここで〈マリア〉を歌うSAYACAは素晴らしい。よどみなく、ブエノスアイレスの言葉でタンゴを歌える日本人タンゴ歌手では今、彼女が最高だろう。そうして迎えた第15場「受胎告知のミロンガ」。この曲もまた独立して聞かれる曲だが、本当に最高だ。万雷の拍手で迎えたアンコールでもこの曲が歌われた。

　聴衆は1曲ごとに拍手、最後は亮太を含む全員にはブラボー！ の声、そしてマリアを歌ったSAYACAにはブラバー！ という声が飛んだ。男性ボーカルのKaZZmaも良かった。彼の声を聴くのは初めてではないが、この公演の収穫はKaZZmaを知ったことも大きい。黒田亜樹のピアノ、近藤久美子のヴァイオリンをはじめ、いつもながらの実力派の演奏陣で臨んだコンサートは改めてタンゴの素晴らしさ、ピアソラの素晴らしさを堪能させてくれ、タンゴの豊かな情感をたっぷりと味わせてくれた。一段と成長したSAYACAの「マリア」、そして見事な11人のアンサンブル、それを支えた亮太の果敢なるチャレンジ精神で生まれた『マリア』公演、『ブエノスアイレスのマリア』が本当に日本に根を下ろしたと思った夜だった。

第 6 章

嵐子よ、
安らかに眠れ

≪大連体験≫を昇華した藤沢嵐子のタンゴに思う

はじめに

　藤沢嵐子が 2013 年夏、亡くなった。享年 88。訃報が大手の新聞に、また追悼記事が日本タンゴ・アカデミーの機関誌をはじめいくつかの専門誌や冊子に掲載され、偉大なタンゴ歌手を悼む言葉が綴られていて私も共感する内容だった。しかしそこには、旧満洲での体験、とりわけ大連での体験については、まったくと言っていいほど触れられてはいなかった。

　確かに、嵐子は大連のことを語ることはなかった。長年、嵐子のそばにいたギタリストの河内敏昭さんや、付き人のように付き添っていた河内夫人にも決して大連のことは話さなかったという。タンゴ解説者の故・蟹江丈夫もかつて私に、何度も嵐子に大連のことを聞こうとしたけど「もう大連のことは思い出したくもない」と言って堅く口を閉ざしたという。蟹江は「それだけ大連のことは思い出すのも嫌だったんでしょうね」と私に語ったことがあった。

思い出したくもない大連での出来事。語ることを拒否した大連の体験。しかし、藤沢嵐子という人間だけではなく、タンゴ歌手・嵐子を語るには、大連での体験は欠かせないものだと私は思っている。「それはお前さんの思い込みだ」と囁かれるのを重々承知の上で、私はそのことについて書いてみよう。

故郷を離れるということは…

　その前に、なぜそれほど私が嵐子の大連体験にこだわるのかを説明したい。それには、どうしても自分のささやかな体験を語らないと納得されないのではないかと思い、少々私の体験話に付き合っていただきたい。

　1968年の夏から翌年の4月初めまで、私はヨーロッパに遊び、中東やアジアを回って帰国した。このささやかなヨーロッパ体験は私にとって、言葉の本当の意味で、日本という国やナショナリズム、アイデンティティについて語ること、考えることの出発点になった。例えば、国際主義ということも、観念のレベルでなく、本当に実感レベルで考える契機になったのである。

藤沢嵐子（提供：島崎長次郎）

　一番長く滞在したのがポーランドだった。と言っても半年ほどの滞在である。そのポーランドで1968年の夏、菊地昌典（当時、東大助教授）と話す機会があった。菊地は、私が畏敬する歴史研究家だった。マルクス主義的な世界観を持ちながらも、当時のソ連体制に批判的視点を確固として持っていた。

重要な決定的な体験とは

　ワルシャワでのその日、小さなホテルの食堂で昼食を取っていると、そこにポーランド人と話している菊地がいた。そのポーランド人が私を日本人と認め、菊地と話をすることになった。無聊をかこっていたのか菊地はその晩、私に部屋に来ないかと誘ってくれた。ちょうど「プラハの春」がソ連東欧軍に弾圧された直後、1968年の夏のことである。

　その時、今は亡き菊地がこんな話をした。「その人の人生にとって重要な時期にその場所にいるかいないか、ということはその後の人生や思想的な営為にとって実に大きく、決定的な意味を持つ」。菊地はそう言いつつ、ある日本人のフランス文学者の話をした。この人も、もう故人になっている。仮にM氏としておこう。M氏の著作はその後私も読んでそれなりに共感することもあったが、菊地はその時、こう言った。

　「Mは戦後すぐフランスに行き、ずっと長くパリに滞在した。しかし彼の書いたものを読んでも、然るべき日本の人たちは評価しませんよ。焦点がずれている。呆けている。何故か。日本で何が起こっているのか、その何かを見ていない。その時、日本にいて体験していない。決定的な時にその場所にいないということは、とても大きいことなのだ。そういう意味で、来たるべき日本の1970年は、極めて重要である。その時点に日本にいるかいないかは重要な考え方の機軸になるだろう」と語った。

　このような趣旨を述べて、「予想される1970年の安保闘争は、60年安保闘争の縮小再生産か拡大再生産かに過ぎない。思想的な転換点にはならないだろうと思う」という私の考えに、菊地はM氏の例を挙げて反論したのである。

嵐子にとって大連とは

　菊地にとってM氏は、世間的にはパリに滞在する著名なフランス文学者だろうが、思想的には語るべきほどの文学者でなかったのである。長く日本を不在にしている男が日本について語ったり書いたりしていても、

いやフランスについて書いたとしても、菊地にすればそれがいかほどの
ものなのか？　という程度に過ぎないのである。菊地の言葉をもっと敷
衍して考えると、「その人にとって重要な時期と思われる時に、その場所
にいるかどうかは、その後の思想や行動に決定的な意味を持つ」という
ふうに言えるのだった。

　そういう意味で、藤沢嵐子にとって敗戦後の大連は、その後の彼女の
人生や、タンゴ歌手にとって決定的な意味を持っている、と私は考える
のである。

アイデンティティとは何か

　当時ワルシャワから1時間ほどの距離にあるウッジ市に、私より一回
りほど年長のスラブ考古学を学ぶ30代の研究者がいた。今の私なら、日
本人でスラブ考古学を研究するなんて面白い人もいるものだと肯定的に
捉えただろう。

　しかし、前述のナショナリズムやアイデンティティについて考えてい
ると、なぜ日本人がスラブ考古学を学ぶのか、その内的必然性が私には
皆目、理解できなくなっていたのである。日本人なら、その拠って来た
る日本の歴史や民族性、民俗や習俗や風俗の文化を研究することならわ
かる。日本人としてのアイデンティティを追求する意味で、しごく尤も
なことだと思う。それがどうしてスラブ考古学なのか。

　ポーランドを離れる直前にその人とそんな議論をした時、彼は「貴方
はなぜそんなに日本にこだわるのか」と言われ、「貴方の論理を突き詰め
ると私の存在は否定される」と言われた。それで私はこの議論を止めた。
思想的にも閉ざされていると思えたポーランドを離れて、当時の西ベル
リンに着き、「ベルリン・ドイツオペラ」でワグナーの楽劇を観たり、東
ベルリン（まだ「ベルリンの壁」があった時代だ）に行き「ベルリナー・
アンサンブル」でブレヒトの芝居などを見るにつけ、ますますそのよう
な思い、即ち、自己の民族的な感性を抜きに真に芸術的表現は難しい、

という思いを強くしたのだった。

　高校時代から俳優座で千田是也演出のブレヒト作品を見ていた私にとって、「ベルリナー・アンサンブル」のブレヒト劇は衝撃だった。言葉がわからなくとも、その緊張感あふれる舞台は日本にはないものだった。所詮、日本人がワグナーを歌ったり、ブレヒトの芝居をやってもたかがしれたもの、それは単なる物真似じゃないか。ヨーロッパ人のように歌うことも演じることもできないだろう。その核心に迫ることはできないのではないか、と思ったのである。

たった一度の嵐子と私の会話

　そんな思いを抱いて帰国して2年後の1971年だったか、湯沢修一が主宰するタンゴ鑑賞会「すいよう会」に参加した。ある日、藤沢嵐子が出演し歌った。歌い終えた嵐子に会うべく勇気を出して控え室を訪れ、「タンゴを歌うということに疑問をもったことはないか」、といった前述のような思いを嵐子にぶつけた。

　嵐子は私の言葉を聞き、こう答えた。「私も何度か悩み、聖書を読んだりしました」。その時嵐子は、まだキリスト教の洗礼を受けていなかったのではないかと思う。

　そうか。アルゼンチン生まれのタンゴを歌うことに、日本人である嵐子は本当のところ、歌うことができるのか、ブエノスアイレスの人々の心情に添うことができるのか、嵐子は悩みに悩み、キリスト教の聖書を読んでいたのだと思った。彼女はタンゴの核心にどう自分が迫ることができるのかと悩んでいたのだとわかり、さすが嵐子、と思ったものだった。

　周知のように、嵐子は上野にある東京音楽学校（現・東京藝術大学）を中退し、父が勤めていた会社がある「満洲」の瓦房店に、母と末の弟と一緒に渡った。

　瓦房店（中国東北部、大連から北東100キロメートルほどのところ）に着いたのは昭和20年、1945年の元旦だった。「満州──ニラの匂い。

母はすぐ父とけんかをはじめた。『どうして、こんな臭い、不潔なところへ連れてきたの！』」。嵐子は続けてこう書いている。「やがて戦争は終わり、日本は負け、瓦房店の工場は接収されて、父は仕事がなくなった。その時から家計は私がみなければならなかった。」（『カンタンド　タンゴと嵐子と真平と』）

敗戦で一変した日本人の地位

　1945年8月9日のソ連参戦、続く日本の敗戦は、たちまち攻守ところを変えた。日本の傀儡国家「満洲国」はたちまち崩壊した。威張り散らしていた日本人たちは狼狽した。中国人や朝鮮人を見下していた日本人は、自分たちが拠って立つ根拠を失った。天国が地獄に変わった。それでも大連をはじめ、ハルピンや新京（長春）、奉天（瀋陽）などの大都会にいた日本人はまだよかったといえるだろう。ソ連との国境沿いに入っていた「満蒙開拓団」の人々の惨状はそれこそ「筆舌に尽くし難い」ものだった。

　日本の敗戦によって嵐子の父親は失職した。嵐子は家族を養うため、大連のダンスホールや音楽喫茶で歌い始めた。

「大連、思い出すのも嫌！」

　大著『大連・空白の六百日』を書いた富永孝子は1931年9月生まれ。大連で敗戦を迎えたのは13歳、もうすぐ14歳になる頃だった。嵐子は1925年7月生まれ、富永はほぼ6歳ほど年下である。彼女はこの著作を書くために、当時大連にいた多くの人々を取材した。男たちの多くは取材に応じてくれたが、女性たちは取材を拒否する人が多かった。大連でのことは話すのも嫌だったのだ。富永に聞けば、その筆頭が藤沢嵐子だったと言う。

　それでも電話口に出た嵐子は、富永孝子の母親がロシア料理が得意で、ロシア人将校たちが集うレストランで料理を教えたこともあると話すと、

やっと口を開き話し出した。

「なんて名のダンスホールか忘れましたが、正午から4時まで歌えばよいというので引き受けました。ドレスもなく、大急ぎで母の着物をほどき、手縫いのブラウスで舞台に立ちました。でも、あの時代って私、思い出すのも嫌ですねぇ」『大連・空白の六百日』）。

かつて旧満洲関係のシンポジュウムに参加した時、パネリストだった今は亡き作家のなかにし礼（牡丹江出身）や毎日新聞記者だった故・岩見隆夫（大連出身）ら男たちは、嬉々として敗戦後の大陸での生活を語った。少年だった彼らは、家族のために街に出ていろんなものを売り、家計の足しに働いて役立った。少年たちは生き生きとして動き回っていた。

しかし少女たちは違った。進駐してきたソ連兵は暴虐の限りを尽くした。日本人の家に押し入り、目ぼしいものを略奪する。女たちはソ連兵が来るとわかると、すぐに押入れに隠れたり、屋根裏に潜んで彼らが出て行くのをじっと耳をすまして聞いていた。ソ連兵に辱しめを受けた女性たちもいただろう。自分がそのようなことに遭わなくとも、そんな光景を見せつけられたり、聞かされたことがあっただろう。

富永孝子は私に言うのだった。「私より4つ5つ上の女性たち、お嬢さんで育った人たちは大変だったと思います」。前述のように富永は敗戦時、満14歳になる少し前、まだ少女といえば少女である。しかし嵐子は20歳、もう女である。

嵐子も怖い目にあったのかもしれない。直接被害に遭わずとも、聞くに堪えないようなことをたくさん見聞きしたはずである。彼女が「もう大連のことは思い出すのも嫌だ」と言うのも痛いようにわかる。

タンゴは過去を背負っている

周知のようにタンゴの歌詞はほとんどがハッピーエンドで終わらない。その多くは愛する女に裏切られたり、悲惨な目にあったり、苦労した男の話が多い。まさに人生のドラマを詠っている。今や伝説的なタンゴダ

ンサーとも呼ばれるカルロス・ガビートは私に、「タンゴは人生を背負っている。追憶でできている」(『ダンスファン』2003年1月号)と語ったが、まさにタンゴは「過去を背負っている」のだ。

年を重ねるごとに、嵐子のタンゴはますます、人々の胸に迫ってくるように聞こえる。まさに「人生を歌っている」と言っていいだろう。

河内敏昭に聞けば、嵐子は未練たらしいことは本当に言わなかったという。歌手を引退し、タンゴの世界から離れ、新潟県の長岡市に移り住んだが、タンゴ関係者に会おうとしなかった。例外的に会うことはあったようだが、これまで付き合っていた人たちとはきれいさっぱり交際を絶ったという。未練もなく実にさっぱりとした潔さだったようである。過去に執着しないさばさばした性格は、何もかも一切捨てて中国大陸から帰国した引揚者たちに共通するように思えるのだ。そんなふうに考えるのは引揚者の人たちに対する浅薄な見方にすぎないのだろうか。

二つの大地（日本と大連）に引き裂かれた嵐子

タンゴはイタリアやスペイン、ロシアや東欧のユダヤの移民たちが創り上げた歌であり音楽である。嵐子も広い意味で「満洲」に渡った「移民」の末裔とも言えるだろう。映画作家の羽田澄子や山田洋次らにとっては、旅順や大連が「故郷」と呼べるような位置を占めている。しかし嵐子にとって大連は「故郷」とは呼べない。

どっちつかずの大連。思い出すのも嫌だという大陸での思い。過去を葬りたい、封印したいという思いは、芸術家であればこそ、精神分析的な意味でどこかで≪昇華≫しなければいけない。そうしなければどう生きていけばいいのだろうか。

嵐子の最初の著作である『タンゴの異邦人』を読むと、ロシータ・キロガに触れてこんな文章が出てくる。アルゼンチンでビクターレコードの支配人が招待してくれた別荘でのアサード（焼き肉パーティー）の時である。

「私が前からぜひ会ってみたいと望んでいた、その昔の名歌手ロシータ・キロガを招待しておいてくれた。この時、キロガ女史は、自分でギターを弾いて歌ってくれた。けれど自分はもう歌には何の興味もない。タンゴ歌手であった過去を思い出したくもない、と言っていた」

まるで晩年の自分のことを語っているように思えないだろうか。

タンゴに過去の思いを込めた嵐子

嵐子はタンゴ歌手である。タンゴ歌手とはただ歌詞を唄うだけではない。感情を込めて歌わなければ聴く人を感動の渦に引き込むことはできないだろう。嵐子は日本のファンだけでなく、ブエノスアイレスの人々をも虜にしたという。それこそ決して語らなかった大連での人生、心の内に封印した思い、その痛いような想いをタンゴに昇華したと言えるのでないだろうか。

語りたくない大連、嫌な大陸での思い出。しかし、そこに繋がる心の底に眠る無意識の思いまで封印することはできない。嵐子はその思いを封印できずにいた。心の奥底に眠る大連での諸々の思い、語りたくない過去、思い出したくもない心模様、しかしだからこそ、タンゴを歌う感情の中に、それを昇華し表現にまで高めることができたのではないか。嵐子のタンゴに我々が魅せられるのも、まさにここにある、と思うのである。

タンゴ 起源はさまよう望郷の魂

映画『白夜のタンゴ』に思う

　1965年、作家高橋和巳が『憂鬱なる党派』を発表した。まさに「憂鬱な」60年安保闘争後の挫折感漂う学生時代、神田神保町の古本街を歩き、ほっと一息つくのがタンゴを専門に聴かせる喫茶店だった。それから20数年後、同じ場所でタンゴのレコードコンサートに身を置いていた頃、主宰者が「どうして日本人は黙ってタンゴをただ聴くのか、踊りもせず歌いもせず」というアルゼンチン人の言葉を紹介した。まったくその通りだと思い、タンゴダンスのレッスンに通い出した。そして派手な社交ダンスとは一味もふた味も違う、動きを抑えたタンゴのサロンダンスに魅せられた。

　不世出のタンゴ歌手、カルロス・ガルデルの出生を含め、タンゴの発祥地を巡ってアルゼンチンと隣国ウルグアイは昔から争っていたが2009年、両国は互いに手を結んでユネスコ世界無形文化遺産に申請し認可された。しかし、その両国に異議を唱える国が出てきた。フィンランドである。

　2014年11月に公開された映画『白夜のタンゴ』はそんなタンゴの起源に迫っている。映画の冒頭、フィンランドの世界的な映画監督アキ・カウリスマキは、こう言うのだ。

　「タンゴの起源には誤解がある。ウルグアイもアルゼンチンも主張するが──本当はフィンランド東部が起源だ。今はロシア領で──牧羊犬や牛がいる森だ。人々は家畜を守るために歌い始めた。寂しさもあったろう、湖畔のダンスホールで踊り始めたんだ…」

有名なタンゲーロ（タンゴ好き）がブエノスアイレスの路上で踊る（撮影：町田静子）

カウリスマキはこう語り、それが1850年代で1880年代には西部に伝わった。船乗りがそれをブエノスアイレスに伝え、現地の人が聴いて突然人気になったという。

「船はウルグアイに行ってその後アルゼンチンに行ったんだ。アルゼンチン人はその

ブエノスアイレスのミロンガで踊る人々（撮影：フリオ・フランコ）

順番を忘れ—さらに我々を完全に忘れた。我が国が起源なのに我々はとても謙虚だ。歴史に触れられないということに慣れているんだ…」

『白夜のタンゴ』を見てとても爽快な気分になった。タンゴの起源がフィンランドであろうとアルゼンチンであろうと、ウルグアイであろうと構わない。タンゴを聴き、タンゴを踊り、そして豊かな情感を味わえればそれが最高なのである。タンゴを聴いてしみじみと人生を思い、心が浄化されるような気分になることがとても大事なことなのだ、と改めて痛感するのである。

どこが起源であろうと、タンゴは故郷を思い、心の空洞を埋めてくれる音楽なのである。この場合の故郷は地理的な概念を超えて、さらに魂の領域、魂の故郷も含めて考えた方がいい。我々はタンゴを聴くことによって、タンゴを踊ることによって虚しさを慰められる。疎ましい日常性を超えたいのである。いや超えようと考えなくとも、日ごろの弛緩した感性や鬱屈した感情を洗い流してくれるのだ。

タンゴはフィンランドのものでもウルグアイのものでもなく、ましてやアルゼンチンの独占物でもない。そもそもタンゴは、故郷を喪失した人々の思い、故郷への思いを歌っている。失われた過去を追憶しているのである。恋に破れて涙を流し、職を失って嘆き、母国を離れて故郷を思う人々が共有できるものなのだ。情感あふれるタンゴを聴き、心豊かになる。畢竟、タンゴは人間そのものなのである。祖国も民族もない。故郷を失い、彷徨う人々の個人の魂のものなのである。

第 7 章

タンゴは
追憶で
出来ている！

～マエストロ・ガビート大いに語る～

　カルロス・ガビートといえばダンスショー「フォーエバー・タンゴ」
のメインダンサーとして世界的に名声を博し、渋くて味わい深く、個性
的で存在感のあるその踊りは、多くの人たちを魅了している。今回はレッ
スン指導のため、2002 年 8 月末から 1 ヶ月ほど日本に滞在した。帰国前
夜、マエストロ（巨匠）は、タンゴダンスの奥深い魅力をたっぷりと語っ
てくれた。新年 1 月には魅惑の舞台の日本公演がある。

社交ダンスのタンゴと大いに違うアルゼンチン・タンゴダンス

　タンゴのダンスといえば、多くの人たちは社交ダンスのタンゴを思い
浮かべることだろう。ところが、今から 10 年程前（注：本稿執筆時。
1992 年頃）、ダンスショー『タンゴ・アルヘンティーノ』の日本公演があり、
本場のアルゼンチン・タンゴダンス（以下タンゴダンスと略す）が披露
され大変な反響を呼んだ。

　しかしこれはタンゴダンスといっても、あくまでもショー的に振り付

けされたものである。本来のタンゴダンスはブエノスアイレスのミロン
ガ（アルゼンチンではダンスの踊れる場を称す）で、普通の庶民がセンティ
ミエント（情感）を込めて静かに踊るものであり、ステージで披露され
るような派手でショー的な踊りではない。

　ところが日本では、ショーステージの影響もあってタンゴダンスとい
えば、男女が足を絡ませて激しく踊るものと今でも多くの人たちが誤解
するようになってしまった。

　そこでこの機会に、本来のタンゴダンスとはどのようなものなのか、
その魅力と真髄をガビートに語ってもらい、誤解を解いてもらおうと思
う。ちなみにガビートは、2000年のインターナショナル・ダンス・オー
ガナイゼーション（IDO）主催の競技会で初めて設けられたアルゼンチン
タンゴ・ダンス部門で優勝した経験をもつ。

悲しい日本のタンゴダンス状況

　1999年の初来日以来、毎年日本で本来のタンゴダンスの指導を行って
きたガビートだが、現在の日本のタンゴダンスの状況をどう見ているだ
ろうか。

　「今東京では、ちょっと踊
れるようになったが、みんな
に注目されたくて踊るような
感じです。相手の人が気持ち
よく踊れるように踊るのでは
なく、周りの人に上手に踊っ
ているんだと思われるように
踊っている。タンゴが病気に
かかり、こじらせ、傷ついて
いる感じでとても悲しい状態
です」

なかなか耳に痛いガビートの指摘だ。

タンゴは父祖から伝わった重要な文化なのだ

　ガビートが都心のミロンガで見たのは、若い人がテニスシューズで踊る姿だった。

　「タンゴは街の中から生れ、人々の中から生れた大切な文化なのです。だから、テニスシューズで踊っているのを見ると本当に悲しくなる。ダンスシューズをはいてテニスはやれない。タンゴに対する敬意がありません」

　日本人の中からも、「ヒップホップをタンゴ風に踊っているようにしか見えない」と批判される状況なのだ。

　「タンゴダンスにとってステップは二の次です。最も大切なのは、相手に対する深い思いやりです。だからこそ、心の渇きが癒される踊りなのです。敬意が伴わないと踊りが崩れ、まったく品のないものになってしまう。大切なのは、センティミエント（情感）なのです。それがないと、単に足を動かしているだけで相手に何も伝わりません。日本人の多くは、このタンゴダンスの真髄を理解していません」

　ガビートの言葉は、タンゴに対する深い情熱と尊敬の念があるからこそ出てくるものだろう。

タンゴダンスは人生を背負って踊るものなのだ！

　「タンゴの歌詞を読めばわかるように、別れた女性との辛い思い出や嘆き、過去の悲しみや哀歓を歌っている。つまり、タンゴは過去を背負っている。人生を背負っている。タンゴは追憶で出来ているのです。体で踊るのではなく、心で踊るものなのです」

　成熟した大人は、いろんな過去を背負っている。貴重で多彩、そして豊かな体験を心の中に抱えている。その心の奥深い感情や情感を踊りで表現するのがタンゴダンスというものなのだ。だからといって若い人が

全くタンゴに向いていないというのではない。ガビートはこう補足した。

「小さい時に親を亡くしたり、幼い頃に人生の辛酸をなめた体験がある若い人だと、もしかしたら僕より人生がわかっているかもしれない。若い人というのは、単純に年齢だけのことではないのです」

センティミエント（情感）が大切だ

深いセンティミエントを感じて踊るには何に気をつけたらいいのだろう。彼はこうアドバイスしてくれた。

「見ている人のために踊ろうと思わないことです。人に見せたいと思って踊ろうとした時、踊りが崩れてしまいます。人に見られているという見栄が変な踊りにしてしまう。音楽もよく聴かないで、自分が情感を感じるように踊るのではなく、人から凄いねと言われるように踊ろうとすると、踊り自体がおかしくなってくるのです」

このことは、人に綺麗に見せたいと思う踊る人たちの意識の問題だけではなく、タンゴ教師の側にも考えなければならない点があるのではないか。改めてガビートの意見を聞いた。

「日本のタンゴ教師には、タンゴを広めていただきとても感謝しています。彼らのお陰で僕たちが日本で教えることもできるのです。しかし、発表会という形式には疑問をもっています。発表会は、人に見せたいという意識で踊るために情感を無視して動きます。自分の情感を無視して動いてしまうと、変な踊りになってしまいます。大切なのはショーステージで踊る場合とミロンガで踊る場合をきちんと区別して教えることです」

ガビートは教師の存在と立場を十分に考慮しながら慎重に言葉を選んだ。

「我々プロのダンサーは、人生をかけて踊ってきた。普通の人たちがショーステージを見て、格好いいからやろうと思ってもできるわけじゃない。同じようにミロンガで静かに綺麗に踊っていた人を舞台に連れてきて踊らせても決してうまくいかないでしょう」

タンゴダンスは競うものではない

　「僕はもう誰とも競おうとは思わない。ずっと前からそう決めました。自分のために踊るのです」。そう言い切るガビート。タンゴに関する彼の考え方は彼特有のものなのだろうか。これについては、「タンゴをアルゼンチンのものとして、自分のものとして愛している人にとっては一般的な考え方だ」という。確かに、アルゼンチンではガビートのビデオが一番売れている。ガビートの考えが普遍性のある何よりの証拠だろう。

　今、ブエノスアイレスのミロンガでは、ガンチョ（自分の脚を相手の両脚の間に入れて蹴り上げる）などショーで行われるような派手な踊りをする人がいると、主催者がマイクを持ち「そこの方、ガンチョなどは止めて下さい」と呼び掛ける。「人に迷惑をかけるのではなく、皆に敬意を払って踊ってもらいたい」とガビートは言う。

タンゴは踊る情感である

　「タンゴダンスは踊る感情なのです。切ないようなセンティミエント（情

感）を表現するものなのです。タンゴは詩です。タンゴを踊るということは詩を書いているのと同じことなのです。

日本の皆さんに伝えたいのは、タンゴを踊る時にはステップを思い出すのではなく、自分自身の内面にあるものをあたかも魔術のように発見しながら踊ってほしいのです。一番大切なのは、音楽をよく聴きながら二人があたかも一人であるかのように二つの心がひとつになって踊っていくことなのです」

そう、女性を引きずるのではなく、音楽の旅に連れて行くものなのだ。心の旅路なのだ。こんなガビートの話を聞けば、誰もがタンゴの奥深い魅力に思いを馳せることだろう。

「タンゴは官能的でエレガントなものです。そして精神的で神秘的なものなのです」。しばしば誤解されるようなセクシーな踊りではない。

「女性はお金をかけて綺麗になろうと思う。しかし、一歩出した足が綺麗じゃなかったら、どんなにお金をかけていても意味がない。エレガンスが壊れてしまう。女として踊るのであって、ダンサーとして踊るのではないのです」

タンゴダンスは心の踊り、なによりも情感が重要だとわかってくる。それは外面的な派手さとは無縁であり、あくまでも踊る人の心の深さ、豊かさが醸し出す踊りといえるだろう。

同席した今回のパートナー、初来日のマリア・プラザオーラが語った。京都での昔ながらの旅館。そこで見たのは、きれいな畳と静けさ、謙虚で慎み深く、相手を思いやるきめこまやかな心の深さをもつ日本人だった。感動した彼女は、同じ日本人なのにダンスでは相手を思いやる心が湧かずに、どうしてバタバタと踊るのだろうと語るのだった。

タンゴに込めた深い思索と情熱

タンゴはその時々の政治的に強い勢力によって利用されてきた。タンゴが国家主義者と結びついていた時期もあった。それでもタンゴは、世

代を超えて父祖からの遺産として多くのタンゴを愛する人たちによって
受け継がれてきた。

　ガビートは、時には哲学者のように、時に詩人のように、タンゴの奥
深い魅力を語った。人生の光と陰を十二分に体験し、長い人生を生きて
きた軌跡に刻まれた深い意味をタンゴに託した人だからこそ言える言葉
なのだ。

　あたかも霊感が降りたかのようにタンゴの魅力をほとばしるように語
る彼に思わず共感の言葉を発した時、彼は私に握手を求め手を放そうと
しない。

　サッカーをやっていた少年時代、突然聞こえてきたタンゴの調べ。そ
のとき少年たちはみんな、ボールを蹴るのを止めた。ガビートの目には
涙がにじんでいた。今これを書いていて私も目頭が熱くなってくる。

　ガビートの話を深い思いで聞けば聞くほど、移民の国アルゼンチンで
生まれたタンゴは、郷愁や孤独、悲しみ、哀歓、寂寥などの感情を生き
る意欲に昇華させたドラマそのものだと言えるだろう。

　このような様々な想いを込めて踊れるダンスはそうないだろう。だか
らこそ、ひとたびタンゴダンスの深い魔力に引きつけられた者は、もは
やそこから離れることができないのだ。

　私自身タンゴダンスに魅せられ踊るようになって8年（本稿執筆時）、
これほどタンゴの深い真髄を教えてくれた人はガビートが初めてだ。2時
間にわたるインタビューの後、改めて深く生きるということの思いと意
味を考え、背筋がピンと張るような気持になった。

　マエストロ・ガビート！　ありがとう。

　　（通訳／はたやちあき、取材協力／ノルマ　高橋龍太郎／撮影：大類善啓）

第8章

ガビートは死なず、時を超えて甦る

あるプロダンサーのタンゴへの篤い思い

　現代はタンゴの第三期黄金時代と言われているようである。私がアルゼンチン・タンゴダンス（以下、タンゴダンスと略す）を本格的に始めたのは1995年である。これは前にもあるところで書いたことだが、解説者の蟹江丈夫（以下、登場する人たちの名前はすべて敬称を略す）がレコードコンサート（通称、レココン）で、アルゼンチンの人から「どうして日本人はタンゴをみんなと黙って聴くのか。踊りもせず、歌いもせず」と言われたという話を紹介した。それを聞いた時、まったくその通りだと思った。そんな言葉をきっかけにして、「よし！　タンゴダンスを始めよう」とレッスンに通い出したのだった。

「今がタンゴダンスの創生期です」

　レッスンの場を提供し踊る場であるミロンガを主宰していた今は亡き高田励は、「日本では今がタンゴダンスの創生期なのです」と私に語った。「そうか、創生期なのか」。そういう言葉を聞くと、ますますタンゴダン

075

スへの気持ちを後押ししてくれるのだった。

　当時も今も社交ダンスは盛んで、街のそこかしこに社交ダンスを教える場所があり、地域の公民館などでも社交ダンスのサークルを探そうと思えば、いとも簡単に見つけることができる。

　ところが当時、ブエノスアイレスの本場のタンゴダンスを教える場所は、東京で3か所ぐらいしかなかった。レッスンを受けている人は多くて100人ぐらいではなかったか。そんな数少ない人たちが3か所ほどのミロンガに出かけていたから、名前を知らずとも、参加する人の顔は知っている。ともかく、ほぼ代わり映えがしない同じような顔ぶれが、あちらのミロンガへ行ったり、こちらのミロンガへ来たり、といった風景があったのだ。ミロンガも東京でさえ、週に1度ぐらいしかなかった頃である。東京以外の地方ではほぼ皆無だったのではないだろうか。

　ところが徐々にタンゴダンスが普及し、今では東京で毎晩！　そう毎日5か所ぐらい、どこかでミロンガをやっている。踊りに行こうと思えば毎日でも踊れる時代なのである。

　第三期黄金時代という説は、そのタンゴダンスの隆盛から来ていると言っていいだろう。最近も旧友に誘われて、あるミロンガに行った。主宰者がタンゴ教師であったこともあり、彼らのダンスのデモンストレーションがあった。普通はデモ、と呼んでいるが、私の学生時代、1960年代のその昔はデモといえば、学生運動などの街頭抗議行動を指していたが、タンゴダンス世界ではデモと言えば、いわばダンスのパフォーマンスである。

旧東欧圏でもタンゴが盛ん

　さてそのミロンガで、日本人教師夫妻のデモの他に、ロシアから来たカップルがデモを行った。後で彼らに聞けば、モスクワでは100か所ぐらいミロンガがあると言う。本当にそんなにあるのか、という驚きだった。まさにタンゴの第三期黄金時代を象徴しているではないか。

後日、チェコ倶楽部というチェコを愛するグループがあり、その代表の林幸子から、チェコ音楽の夕べにタンゴがあるというので知らせてくれた。そのプログラムを見ればタンゴダンスのデモが入っている。チェコでタンゴ?!　東京・渋谷のお屋敷町・松濤でのホームパーティーのような形で、チェコ音楽を愛する人によるピアノやヴァイオリンなどの作品が演奏された。15人ほどが集まった本当に小さなコンサートである。そのミニ・コンサートの最後がチェコのカップルによるパフォーマンスだった。想像するに、会場にいた人たちは、たぶん私以外はタンゴダンスを見るのは初めてだろうと思った。そんな感じがした。

　終わった後で彼らと拙い英語で話すと、チェコの首都プラハには、ミロンガはいくつかあるとのことだった。ついでに、カルロス・ガビートを知っているかと聞けば知っていた。彼ら二人はタンゴで飯を食っていけるのか?　いつごろからタンゴダンスを始めたのか、など聞きたいことは多かったが時間がない。

　パートナーの女性はもともとバロックダンスが本職だという。若い時はテレマンやヴィヴァルディらのバロック音楽を愛好していた私だが、バロックダンスは見たこともない。どういうものか少しでもいいから見せてくれと強く要望したら、彼女は1曲、バロック音楽でダンスを披露してくれた。

　中世、貴族たちのサロンでバッハやヘンデルなどの音楽に合わせて、優雅に踊っていたのがバロックダンスだったのだろう。披露してくれた歌と踊りからそういうことが想像された。

忘れられていないガビートの名

　ベルリンの壁の崩壊に伴い、ソ連そして東欧圏の解体が雪崩のように始まり、東西の政治的な障壁が消え、おのずと文化の壁も消えた。タンゴダンスの隆盛も当然のように世界に広まって行ったのである。

　チェコのタンゴダンサーはそれ故だろう、カルロス・ガビートの名前

「フォーエバー・タンゴ」のメインダンサー、
カルロス・ガビート

をしごく当たり前のように知っていたのだ。映画『ラスト・タンゴ』で主人公として登場したフアン・カルロス・コペスは確かにタンゴダンサーとして有名である。しかし多くのタンゴダンスファンにとって、ダンスのもたらす圧倒的な存在感と魅力は、やはりカルロス・ガビートが抜きんでているのではないか。

　本稿はいわば、今なお衰えないガビートの人気、そしてガビートが発した言葉の普遍性を改めて明らかにし、ガビートへのオマージュ、ガビートへの敬意を表してタンゴの心、コラソン（Corazon）を深く認識したいと思う。ガビートの言葉はタンゴを踊る人だけでなく、タンゴを聴く人たちにとってもタンゴの心とは何なのかを教えてくれるだろう。

死の3ヶ月ほど前、ローマのミロンガで踊ったガビート

　カルロス・ガビートは 2005 年 7 月 1 日、癌で惜しくもこの世を去った。享年 63。その時、有志たちがガビートを偲ぶ夕べを東京・六本木で持った。ひとりのタンゴダンサーの死を偲んで、それなりの大きさで追悼の夕べなどを行うのは、後にも先にも初めてではないだろうか。

　大勢の参加者たちがミロンガで 1 時間ほど踊った後、追悼の会は開かれた。飯塚久夫（現、日本タンゴ・アカデミー会長）が司会をし、黒木皆夫率いるタンゴ楽団「スエニョス」がステージの下に控えていた。

　発起人の高橋龍太郎が冒頭、「ガビートのようなマエストロと呼ばれるようなダンサーはもう現れることはないだろう」と挨拶した。その後、私も登壇してガビートへの追悼の言葉を述べた。その折り、たまたま死

の３ヶ月ほど前に、ローマのミロンガに登場したガビートのことを紹介した。ローマに在住していた友人、殿垣内淳子はガビートの踊りをどうしても見ようとそのミロンガに出かけた。その時の模様を当時、彼女はメールで知らせてくれた。

ローマのミロンガは、街の中心地では少ないが、その会場はローマの中心地、セルペンティ（Serpenti）通りにある。裏通りの込み入った場所にあり、狭くて薄暗い所だ。

2005 年 3 月 19 日、土曜日の夜である。淳子はこの拙文のために旧い手帳を探し出し、そのミロンガの日を特定してくれた。通常、ここのミロンガは木曜日に開催され、夜の 10 時半から明け方近くまでタンゴダンスを楽しむ人たちで賑わうのだが、この日はいつもと違って土曜日に開催された。

その夜、口コミで「あのガビートが来る」と聞きつけて来た人たちは皆、ガビートが癌の病にあり、余命幾ばくもないことを知っていた。ガビートはそれでもローマにやってきたのだ。淳子はこう回想する。

「私たちはタンゴへの興奮とガビートの病が心配で早々と Serpenti 通りに集まりました。いつもは、椅子や所々におかれたテーブルに囲まれ、ささやかながら小さいバーもあり、どちらかというと狭いステージで照明もやや暗い会場ですが、その夜はできるだけたくさんのファンに見てもらおうという計らいで、テーブルも椅子も何も置かないで、床に座るか立って見るしかありませんでした。それでも入れれば幸運で、おそらく外にあふれた人たちも多かったのではないでしょうか」

ガビートを紹介する司会者の挨拶が終わった。

「会場の片隅に座っているガビートは、癌独特のやせ方をした一人の老人でした。タンゴを踊るのは無理ではないかと不安を覚えましたが、踊ったらまさに、ガビートでした。まるで光が射したようでした」

ガビートは 3 曲踊った。その優雅な立ち姿、脚の運び、心の通い合った抱擁。場内は静まりかえり、人々はガビートの踊りに見入った。

「余分なものを一切とって、究極の優美さと静寂、エレガントと静けさ、とも言えばいいのでしょうか」と淳子は書いてきた。ガビートの踊る姿を見て、会場にいたあるイタリア人女性はその魅力ある踊りに感動したあまり失神し、救急車で運び出されたという。

「私たちにも緊張感がありました。おそらくガビートも全身全霊で踊ったに違いありません。身体の筋肉の隅々にまで踊りで鍛えた神経が働き、病や年齢を超越したのでしょう。タンゴの琴線に触れた見事な踊りでした」と淳子は今、述懐するのだった。

今も色あせないガビートの言葉

　私はその死の3年ほど前、2002年の秋、ガビートにインタビューする機会を得た。そのインタビュー記事は2003年1月号の『ダンスファン』に掲載された。通常は誌面の両側や下段に広告が出るのだが、その広告を外して見開き2頁に亘って原稿は掲載された。その記事の中で展開されるガビートのタンゴへの思いは、読む人をして今でも引きつけてやまない。

　このガビートの深いタンゴへの思いは、2011年4月発行の日本タンゴ・アカデミーの『Tangolandia』に「タンゴのコラソンとは何だろう―極私的アルゼンチン・タンゴ論」にも紹介したこともあるが、タンゴの心、真髄を語る時、この時のガビートの言葉を思い出し、タンゴの原稿を書く時にはしばしば、ガビートの言葉を引用することがある。

　やや自慢話になってしまうが、この記事は日本で唯一、ガビートが正面からタンゴについて語ったものである。その後、私自身がタンゴダンスをしている人に記事を読んでもらうべくコピーを手渡すこともあるが、私の知らないところで記事がひとり歩きして、ガビートのファンをつくりだしている。

　そこで少しばかりこのインタビュー記事の裏話を紹介し、いわば日本のタンゴダンス史の一シーンを明らかにしておくのも意味があるのでは

ないかと思った。

　実は、ガビートは公演だけでなく、ダンスを教えるためにもたびたび来日していた。レッスンはプロダンサーとしての仕事でもある。2002年のその日、六本木でダンスを教えた後、恒例のミロンガが行われた。ところが、ガビートの「心が荒れた」。その「荒れ具合」がどの程度だったのかは詳しくは知らない。主宰していた高橋龍太郎はミロンガを終えた後、ガビートをなだめるのに苦労したという。

　ガビートが怒ったのは、テニスシューズでタンゴを踊る青年を見たからである。「タンゴはブエノスアイレスの人たちが創り上げた文化である」。そう思っているガビートにすれば、ダンスシューズも履かず、テニスシューズで踊るなんて言語道断、許せないのだ。タンゴに対する侮辱である、とガビートは思ったのだ。

　ガビートをこんなに悲しませたのは、タンゴというものを日本人が本当のところ知らないからだ。だから、日本の多くの人たちにタンゴというものはどういうものか。タンゴダンスとはどういうものなのか、ガビートをインタビューして、ガビートの言葉を伝えてほしいと、ダンス仲間のノルマから電話がかかってきた。彼女は文字通り、ブエノスアイレスのスペイン語でガビートと話せるブエノスアイレス育ちなのである。

　その時、ガビートをインタビューして発表する媒体としてすぐに頭に浮かんだのは月刊誌『ラティーナ』だった。しかしノルマは、ガビートの声を伝えるには、そのような専門的な雑誌ではなく、もっと大衆的な社交ダンスの雑誌『ダンスファン』のようなのがいい、と言うのだった。

　確かに、私たちがここでいうタンゴダンスとは違うが、社交ダンスをする人たちもタンゴを踊る。しかし社交ダンスをしない私には『ダンスファン』の編集部に知り合いはいない。が、当たってみようと、当時、京王線明大前駅そばのタンゴパブ「カナロ」のオーナーであり、私自身もタンゴダンスを実に丁寧に、文字通り手取り足取り教えていただいた師匠でもあった今は亡き和泉鉄男に『ダンスファン』の電話番号を聞いた。

すぐに電話をして編集長の真辺松雄にガビートのタンゴ界での位置と存在を説明し、インタビューして原稿を書くが掲載してほしいと話したところ、一面識もない私に真辺はすぐに承諾してくれた。

ガビート死してタンゴの心を残す

　私は静かな所で、差しでガビートと相対してインタビューをするつもりだった。さて場所はどこがいいかと思ったところ、ノルマは「ガビートはお酒でも入らないと話してくれないと思う」と言うではないか。そこで、インタビューする場所と時間のセッテイングを高橋に一任した。高橋は私に「日本のタンゴ界のためにぜひ、いい原稿を書いてくれ」と言う。

　インタビューする居酒屋に私は一足早く着いてガビートを待った。高橋やノルマ、通訳のはたやちあき、ガビートの当時のパートナーのマリア・プラザオーラたちがビルの廊下を歩いて来た。ガビートは私を見つけると、「ゴタンダ」という言葉を発した。東京の五反田で私がガビートに個人レッスンを受けたことを憶えてくれていたのだ。

　ガビートは語り出した。「タンゴダンスにとってステップは二の次だ。大切なのはセンティミエント（情感）である。歌詞を読めばわかるように、タンゴは過去の悲しみや哀歓を歌っている。つまりタンゴは人生を背負っている、過去を背負っている。タンゴは追憶で出来ているのだ」と、静かに、しかし情熱的に語った。

　タンゴの魅力、真髄を語るガビートに同感の意を表し頷くと、ガビートは私に右手を差し出し握手を求め、その手を放そうとしない。サッカーをやっていた少年時代、突然タンゴの音楽が聞こえてきた時、少年たちはサッカーを止めタンゴを聴いた。その話をした時、ガビートの目に涙を見た。そんな情景が今なお、鮮明に想い出されてくる。

　同席していたマリアは、京都で泊まった古い旅館のことを話した。きれいな畳と静けさ。謙虚で慎み深く、相手を思いやるきめ細やかな心の

深さを持つ日本人に感動していたマリアは、ダンスでは相手を思いやることもなく、どうしてバタバタと踊るのだろうと語った。

ガビートの言葉は不滅である

翌年だったか、あるミロンガで再会したガビートは「あの記事は良かった」と、右腕を少し上げ親指を上に突きだし喜んでくれた。たぶん、ノルマや通訳のはたやちあきがスペイン語に翻訳してガビートに見せたのだろう。

ガビートの記事は、今でも新しいダンス仲間に見せると「感動した」という言葉が返ってくる。中には「初心者にまず読んでほしいね」と言う人もいた。

当時「カナロ」の和泉鉄男に原稿のゲラ刷りを見せると、何度もなんども頷き、「ガビートの言葉に同感だ。ガビートの言う通りだ」と私に語り、『ダンスファン』が発売された後、記事のコピーを「カナロ」のカウンターに置けと言い、コピーが無くなるとまた持って来ていいと言ってくれたから、多くのダンス愛好家諸氏はこの記事を読んでくれた。ダンスを教えていた立岩真理子も当時、「繰り返し2回も読んだわ。貴方、いい仕事をしたわね」と言ってくれた。彼女は今回改めて読み、「ほとばしる深く豊かなタンゴへの思い、読むたびに何度も頷き感動してしまいます。タンゴを踊る人は、そばにおいて時々読み返すといいでしょうね。すぐに忘れてしまいますから…教本になると思います」とメールをくれた。

湘南アルゼンチン・タンゴダンス同好会会長の海部英一郎は、長年タンゴダンスをやっていた仲間の川崎太平を追悼する大ミロンガを主催し、大勢の参加者の前で記事を紹介し絶賛してくれた。以前、ダンス教師・国安純一から「音楽を聴いて静かにゆったりとして踊る川崎のダンスこそ本当のタンゴダンスなのだ」と聞いていたが、その時は理解できなかった。しかしこの記事を読んで良く分かったと語り、「タンゴダンスの何たるかを本当に理解した」とみんなに語った。川崎は南米赴任の船上で映

画『タンゴ　わが人生』を見てタンゴに開眼、タンゴダンス歴30年近いキャリアの持ち主だった。

　ガビートは、タンゴ倶楽部「ノチェーロ・ソイ」の代表・宮本政樹と私との縁をも結びつけた。タンゴ界で著名な宮本の存在は、私がダンスを始める以前からもちろん知ってはいたが、ほとんど話をすることはなかった。が、宮本が主催する定例のレココンでガビートを紹介してくれと言われ、ビデオでガビートの踊りを見せながら話したこともあった。

　今、日本のプロのダンサーたちのブログでもガビートの言葉が出てくる。出所を記載していないが、明らかにこの『ダンスファン』の記事からガビートの言葉を知ったのだとわかる。

　ガビートが亡くなった後にダンスを始めた人たちにもガビートは影響を与えている。ある女性は、たまたま YouTube でガビートを見つけ感動した。「プロでもバタバタした足踊りをする人が多いなか、曲をしっかりと聴き、休止の時も自分の感性を表現していた」ガビートを見て、彼女はやはり他のダンサーと違うと目に留まった。こういう人たちが少なからずいる。ガビートは死してなお、ファンを増やし続けているのだ。

　ことほどさように、この記事はどんどん広がって行ったのである。私はタンゴ以外でも、日中関係や台湾の民主化問題、宗教問題などさまざまなジャンルで原稿を書き、それなりに評価を受けたこともあるが、活字になった原稿を「ぜひ読んでほしい」と自分から言いだすことは少ない。しかし、このガビートの記事はタンゴ仲間には今でもぜひ読んでほしいと思い、これはと思う人に見せている。そして読んだ人から称賛される。これは、ガビートのタンゴについての深い思索の上に立ったい思いが、読む人をひきつけて止まない故だと思う。

　「孤独な心をタンゴダンスで埋め尽くすのだ」などと言った彼の言葉は今なお、色褪せず清新だ。ガビートの言葉がそれだけ普遍性を持っている証左だろう。「ガビートの言葉は時を超えて常に甦る」。つくづくそう思うのである。

第 9 章

京谷弘司
日本タンゴを
リードした男

ピアソラから「タンゴの垢を身につけろ」と励まされたマエストロ

　「第三期黄金時代」を迎えたと言われる日本のタンゴ界だが、本稿の主人公、京谷弘司はその中にあって、およそ派手派手しさからは遠く、どちらかと言えば地味な存在だが、その果たした役割はすこぶる大きい。

　今は亡き高場将美は京谷を、「日本最高のバンドネオン奏者として、長く活躍し、たくさんのファンを持ち、初めて聴いた人をも感激させ、日本のタンゴ界にはかりしれないほど大きな足跡を残してきたアーティスト」（CD『RECORDACION　京谷弘司　クァルテート　タンゴ——レコルダシオン——』のライナーノーツ）と絶賛した。

長兄に誘われタンゴ界に

　京谷弘司は 1944 年、大阪で生まれ育った。男ばかりの 6 人兄弟の一番下、末弟だった。

　「もう亡くなっているんですが、16 歳上の長兄、明がオルケスタ・ティピカ・オオサカというタンゴ楽団を大阪で持っていまして、リーダーで

バンドネオンを弾いていたんです。それでバンドネオンが一台家にあり、中学時代に入ったばかりでしたがバンドネオンに触っていたんです」

バンドネオンという楽器がどうなっているのか、そんな興味からバンドネオンに触りだしたと言う。

1950年代から60年代の当時は、キャバレーやダンスホールが全盛時代だった。酔った客も少なからずいただろうが、ダンスを楽しむ男たちも多く、ダンスホールなどで京谷の長兄はピアノやバンドネオンを弾いていた。

オルケスタ（楽団）が盛んで日本全国にバンドがあった時代だ。当時、大阪には4つほどのオルケスタがあったという。京谷は、とりわけ兄に教わるわけでなく、地元の高校に入って3年生の時に、兄のバンドに出入りするようになる。タンゴに魅かれ、見習いみたいにバンドネオンを弾いていたのだった。

「高校時代は夜、仕事をするのはいけないこともあり、学校には黙ってバンドで仕事をしてお小遣いをもらったりしていました。先輩にうまい人がいて、その昔は『教えるよりも盗め』ということで、見よう見まねでチャカチャカ弾いてましたね」という京谷の青春時代である。

後年、京谷がアストル・ピアソラに会った時、ピアソラから「これからタンゴをやる若い人は、ホントにタンゴをやりたきゃ、場末のそういうお店でドンチャカやって『タンゴの垢を身につけなきゃ本当のタンゴはできない』と言われた」という。

知る人ぞ知る、ピアソラが京谷に、「タンゴの垢を身につけろ」という話である。

「それを聞いて、私はそうかなと思いましたね（大笑）。大阪のミナミ（大類注：道頓堀・難波・千日前といった繁華街の総称）のあの環境の悪いところで（笑）、ダンスホールやキャバレーがあり、ヤクザものがチャンチャンバラバラやっていたところですよ」

そこで京谷は鍛えられたのである。言わば、京谷がタンゴの垢を身に

つけた時代である。

早川真平に登用さる

　そんな京谷が19歳の時、バンドネオン奏者だった兄の楽団の第一バンドネオン奏者が辞め、その代りに京谷がトップを任されるようになった。

　その翌年の1964年、当時の日本を代表するタンゴ楽団、早川真平とオルケスタ・ティピカ東京（以下、ティピカ東京と略す）が、アルゼンチンやウルグアイなど中南米に演奏旅行に出かけた。ティピカ東京の専属歌手で日本のタンゴ歌手の象徴的な存在だった藤沢嵐子にとっては5回目のアルゼンチンへの旅だが、日本の楽団が商業ベースで海外公演をするのは初めてのことだった。そして、およそ9ヶ月の公演を終えて彼らは日本に帰って来た。その後、京谷は早川真平に呼ばれ、スカウトされたのである。

　このティピカ東京で7年ぐらいバンドネオン奏者として過ごしたが、時代も変化し、ティピカ東京にも大きな仕事はなくなって来た。タンゴが盛んな時はメンバーは給料制だったが、その時以来、ギャラは演奏会ごとに払う体制に変わってきた。しかし、ヴァイオリンの志賀清と京谷だけは仕事が無くとも固定で給料をもらっていたという。

　その後京谷は、志賀清のキンテート（五重奏団）に参加した後、独立したバンドネオン奏者としていくつかの楽団で活動した。タンゴでは飯が食えないと言われる中、「その頃は忙しかったですね」と述懐するほど、京谷は大いに活躍した。

　坂本政一とオルケスタ・ティピカ・ポルテニヤ、小澤泰率いるコリエンテスという楽団にたびたび呼ばれたという。1955年から10数年続いたラジオ番組（文化放送）、名曲『エル・ジョロン』（泣き虫）で始まる『これがタンゴだ！』で多くのタンゴファンを生んだ時期でもある。

　「その頃はタンゴが盛んで、日によっては新宿の歌舞伎町で4つぐらいのタンゴバンドがやっていましたね。西塔辰之助さんのオルケスタ・ティ

ピカ・パンパが新宿のコマ劇場の地下のダンスホールに出ていたし、向かいのミラノ座という映画館の隣のダンスホール『オデオン』では土屋育夫さんのバンドが、『ラセーヌ』という音楽喫茶にはコンチネンタルタンゴでヴァイオリン奏者の原孝太郎のバンド（原孝太郎とアンサンブル・ミネルバ）が、噴水に面した音楽喫茶の『コンサートホール』には早川さんとか坂本さんが出ていました。純粋に音楽を聞かせる喫茶店でも、10人ぐらいのバンド編成で生演奏していた時代でした」

京谷は主に、ティピカ東京以外でも様々な楽団に呼ばれて東京だけでなく、地方のホールにも演奏旅行をする充実した時代だった。

タンゴの都、ブエノスアイレスへ

京谷がアルゼンチンのブエノスアイレスに最初に行ったのは、志賀清がブエノスアイレスでアルゼンチンの楽団と一緒に録音をするという2回目の旅の時である。京谷が演奏するわけでないが、志賀から「京谷君、一緒に行かないかと誘われたんです。35、6の時かな。40年前ですね。ブエノスに着いた最初は、それは感激しましたよ」

京谷がこう話した時、本当に「感極まる」という感じで往時を思い出していた。

「2回目は、志賀さんのオルケスタで行きました。マリアーノ・モーレスが迎えにきてくれたんですが、すごいですよモーレスは！　空港のチェックなんかなし、『こっちこっち』という感じで入国できたんです」

フリーパスである。タンゴの作曲家であり、楽団も率いていたタンゴ界の名士は、空港でも出入国管理官の審査などを飛び越えて采配するほどなのだ。ブエノスアイレスにおけるタンゴの位置がわかるようだ。この時はオズバルド・ピーロが率いるブエノスアイレス市立オーケストラの演奏会に志賀清楽団がゲスト出演したり、テレビにも出演したという。

「ブエノスの反応はすごかったですよ。東洋から来たすごい楽団だということで、結構みんな驚いたんですね。聴衆の反応は日本とは全然違

います。熱気が違いますね、すごいですよ。僕らの時もそうですが、プグリエーセの演奏を聴きに行きましたが、最後のバリエーションにかかるとみんなワッーと立ち上がって拍手でね。こっちは音を聴きたいのに、聴けないんですね。すごいですよ。熱狂的なファンが多いです。日本はその点おとなしくて、最後まで聴いて終わると拍手する。ところが向こうは違うんですね。立ち上がりますからね。スタンディングオベーションでびっくりしました。熱いですね」

グラナダのタンゴ祭へ

　京谷は、アルゼンチンでは、ブエノスアイレス以外の地方へは行かなかったが、スペインのグラナダでのタンゴ祭に行かないかと誘われ、ダンサーたちと行ったことがある。当時、東京でタンゴダンスを教えていた竹内ラウラとホセ・マリア、そしてフリオとミキも参加したタンゴ祭である。ちなみに筆者もフリオとミキにダンスを教わった一人である。

　「その時もアルゼンチンからバンドネオン奏者のルジェロ（オスバルド・ルジェロのこと）の息子たちも来ていました。その中で僕たちも40分ほど、淡路七穂子（ピアノ）、田中伸司（ベース）、古橋ユキ（ヴァイオリン）の４人、クワルテットで行きましたが、僕らの人気が最高ですごかったですね。一番人気でした。みんな立ち上がって拍手してくれました。すごい反響でした。仕事を終えて楽屋を出たら、みんな待っているんですよ。握手攻めでした。中には日本人もいて、『京谷さん、いやぁ日本人の誇りです』と言われ、びっくりしました」という嬉しいエピソードもある。

フェデリコの音色は違った！

　更にブエノスアイレスでの感想を聞いてみよう。

　「演奏者たちのレベルが違いますよ。トップ奏者はそれぞれすごい。突き抜けた人はいるんですが、そうでない方は日本との違いはないですね」

──レオポルド・フェデリコについて聞かせてください。

　「フェデリコは（感に堪えたように）全然、別物です。すごいです。ピアソラとは別の違った意味のすごさです。あの人がバンドネオンを弾くと、音色が高貴なような気がしますね。ギターとの二重奏やピアノを入れた三重奏なども素晴らしい。別物、音色からして別物ですね。

　フェデリコとは昔から知り合いで、日本に来れば、ホテルなどに行って会っていたんです。その頃は今と違って、まだ楽器の持ち運びは厳しくなく、緩い時代だったんですね。自分が使うのとは別に、セカンド・バンドネオンを日本に一台置いていくという時代があったんです。その時、日本で売りたいので見てくれということもありました。『じゃあ行きます』とホテルへ行き、彼が『これだ』とバンドネオンを弾くんですが、名人が弾くといい音がするんです。フェデリコ独特のあの音が出るんですよ。ところがセカンドの人が弾くと当たり前（平凡でごくありふれた感じ）の楽器の音に聞こえるんです。フェデリコが弾くとフェデリコの音なんですよ。素晴らしい音が出るんですね。そういう時代があって昔からずっとフェデリコと付き合いがありました」

──他の演奏者についてはどうでしょう？

　「それぞれ皆さん、いいところがあると思うんです。僕が40ぐらいの時かな、ホセ・コランジェロ（ピアニスト）が日本に来て大人気で、僕も入れてもらって2年ほど日本中を回ったことがあるんです。その時、トップのバンドネオンがカチョ・ジャニーニと言いまして、オルランド・トリポディ（ピアニスト）と一緒にやっている人で、ここっ！　という時の音はすごいもんだと聴いていましたが、名だたるバンドネオン奏者は、みんなそれぞれ強い個性があってどれがいいとかは言えないですね」

ピアソラとの出会い

　ピアソラが日本に来たのは1982年、その時から2年おきに4回、日本

に来た。

——ピアソラとはどうでしょう？

　「日本に来た最初からお付き合いはありました。彼の存在は、大阪時代のダンスホールでタンゴをやっていた時代から知っていました。ピアソラというのは、もうその時から特別の人で……彼が出したLPレコードなどが一年に一枚とか、何ヶ月に一枚という感じで日本に入ってきていました。大喜びして買ってましたけど日本にはピアソラはまだ浸透していない時代です。演奏者にはわかるけども、一般の人にはまだまだ、という状況でしたね」

——今でもピアソラ?!　って、否定的に言う人はいますが…

　「それはね、向こう（アルゼンチン）の人にもあるんです。受け付けない人はいるんです。あんなのタンゴじゃないという人はいるんです。日本と同じです。演奏者の奥さんの中にもそういう人はいますからね。日本だけじゃなくて、まだ世の中には毛嫌いする人はいますよ。日本でもピアソラを演奏すると嫌な顔をする人はいます。そっぽを向く人や拍手をしない人などいますよ（笑）。初期の頃からピアソラを知っている仲間でも、評価する人としない人はいましたね。ピアソラにハマった人はいるし、あんなの何だという人もいました。ハマった人は少数でしたね。ダンスホールでピアソラにハマった人が、ちょうど出たばかりの『プレパレンセ』の譜面起こしをして、みんなに配って演奏したことがあります。もう50数年前ですがね。『プレパレンセ』はそういう意味じゃ印象があります」

〈用意はいいか？〉

　『プレパレンセ』は、ピアソラが1951年に作曲した初期の作品で、「用意はいいか」という意味である。今は亡き石川浩司は、「これからのタン

ゴは大変革期を迎えるぞ、俺にはわかっているんだ。皆の衆、『用意はい
いか！』と呼びかけているようだ」と『ピアソラ　タンゴの名盤を聴く』
で書いている。

　京谷弘司は語る。「伝統的なタンゴの上のピアソラ曲がいっぱい出たん
ですよね。『ロ・ケ・ベンドラ』『パラ・ルシールセ』『ルンファルド』とか、
他にもありますけど。そういういい曲が、今のピアソラではなく、昔の
伝統的なタンゴの上に成り立ったタンゴがね、新しい革新的なタンゴが
たくさん出てきた時代ですね」

──ピアソラを聴いてこれは違うと？
　「そうですね。従来の音楽とは全く違う音楽ですね。ピアソラにしかで
きない音楽ですね。まぁそれが後年、世界に受け入れられ、世界中でピ
アソラという名前が知られるようになり、クラシックの世界で皆さんこ
ぞってやりたがるようになったんですね」

演奏する京谷弘司（写真中央）

1990年7月、ピアソラはアテネでマノス・ハジダキスとの共演で『バンドネオン協奏曲』などを演奏した。これがピアソラ最後のコンサートになった。8月、パリの自宅で脳溢血で倒れ、10月、特別機で移送され闘病生活に入るが、1992年7月4日、ブエノスアイレスの病院で死去。享年71だった。

　そのピアソラ死後、クラシックの演奏家たちがピアソラの作品を演奏し始めたのである。京谷弘司は語る。

　「と言うのはね、クラシックの人は、伝統的なタンゴ、古典タンゴはまったくできないんです。伝統的なタンゴは独特のリズムとか独特の歌い方があるんです。ところがピアソラの作品は、世界中に通じるような普通の弾き方でできる。そういう面があるんです。癖とかがまったくないんです。もちろんタンゴを知っていなきゃダメなところもたくさんあるんですが、タンゴを知らない人でもなんとか食いついていけるみたいなところがあるんです。だからクラシックの人たちには新鮮な音楽に聴こえたんでしょうね。一時、ホントにみなさん飛びついてやっていましたけど…」

ピアソラの前で演奏する

　前述したように、京谷弘司がピアソラに初めて会ったのは1982年11月、五重奏団で初来日した時である。「中南米音楽」のオーナー、中西義郎から成田に迎えに行ってくれないかというので空港に行ったのだ。

　「僕と志賀さんが成田まで出かけたわけです。その時初めて会ったんです。片言のスペイン語で彼を迎えました。ピアソラは、冬のロシアから来たのか大きい帽子をかぶってきてびっくりしました。しかしカリスマというのか存在感が大きく、一目でアッという感じ、後光が差しているような感じでした。こっちは車で、彼らが乗っている小型バスと一緒に都内のホテルに行ったんです。それが最初の出会いでした。その後、東京のアルゼンチン大使館での歓迎レセプションで演奏してくれと言われ

ました。志賀さんのグループに入ってやりましたが、こっちは恥ずかしくて、ピアソラの前で演奏した憶えはありますが…どんな反応だったか、こっちは舞い上がっていてわからなかったですね。その初来日の時、『タンゴの垢を身につけないと、本当のタンゴを演奏できない』みたいなことをピアソラから言われました。それと、これからのバンドネオン奏者は座って演奏してちゃダメだ、お前も明日から立って演奏しろと言われたんです。ちょうどNHKに出た時に、工作の方に、足置き台を作ってもらい、それから立ってやっています」

——片膝にバンドネオンをのせ、立って演奏するということはどういうことなのでしょう？

「立つということは、やはり世界が違って見えるというか。（座って）下から（聴衆を）見るのではなく上から見ると、世界が変わるというか。今でも頑張って立っている大きな理由は、フラットな店でバンドネオンを座って弾いていると、客席の後ろの人たちが全く演奏者が見えないこともあって、それから立って演奏しています。結構、大変ですけど」

——ピアソラが「立って演奏しろ」と言った真意はどの辺にあるのでしょう？

「ピアソラは、『音楽の聴こえ方も変わってくるだろう』とも言ってましたが、深い意味はちょっとわからないですが、そう言われました」

——ピアソラから「タンゴの垢を身につけろ」と言われたわけですが、すぐにその意味はわかりましたか？

「（ハハハ…笑いながら）まぁ、キャバレーなどでドンチャカドンチャカ演奏していないと、本当のタンゴが身につかないと言ったんですが、そういう面で言えば、今の若い人はそういう経験はないわけですよね。純粋培養みたいな形で…」

——ピアソラがそう言った意味は、教養とかでなく体の中からタンゴを覚えるということではないんですかね？

「肌でタンゴを感じろ、と言うことですね。それがないとタンゴは演奏ができないみたいなことを言われたんですね」

——タンゴは気取ったものではなく、人間の魂に触れるというか…

「そうですね。今、若い演奏家、優秀なバンドネオン奏者がいっぱい出てきましたけど、そういう意味じゃすごく物足りない面があるんですね。指はすごく動いているけど、ただ（心に）響いてくるものがないんですね」

——技術的にはレベルは高いかもしれないが、タンゴのコラソン（心）がない？

「皆さん同じようなレベルで、まるでクローン人間が弾いているような感じで、なんにも（心に）響いてこないんですね、熱い魂がねぇ。それがないとタンゴはねぇ、いくらうまくても感動がないですよね。その辺が非常に物足りないと思うんです。昔はアルゼンチンへ行くのは大変な時代で、なかなか行けなかった。行こうと思っても個人じゃなかなか行けない。為替レートが１ドル360円の時代で、なかなか個人じゃ外貨も余計に出してくれない。しかし今では個人で旅券も簡単に入手できて自由に行ける時代です。さらに、向こうで優秀な人に習ったりできる時代で、素晴らしい技術は身につけているんですが、さっき言ったピアソラが言う『垢』がないんですね。それが大事だと思うんですが、誰のタンゴを聴いても一緒だなと思うんです。聴衆を熱くさせるものが本当に少ないですね。歌の人でもそうです。昔は優秀な人がいっぱいいてタンゴ一筋という人がいたんですがね」

——その代表が藤沢嵐子さんですね

「それに、阿保郁夫さん、柚木秀子さんなど、タンゴ一筋という人がいたんです。今は、アマチュアがプロだと言っているような感じですね。いい人もいますよ、当然。しかし、昔のように『タンゴの気迫に食い込んでいく』というような気持ちが薄いような気がしますね」

思い出す人々
——嵐子さんの思い出や印象を

「とにかくタンゴが大好きで、それもステージよりもリハーサルが大好きという人ですね。リハーサルをやっている時の方が幸せで、ステージは好きじゃないというふうにおっしゃるんです。仕事が決まり、ステージがあり、それに至るまでの、みんなが集まってリハーサルをやる。その時間が大好きなんだとおっしゃってました。それが印象に残っていますね。

ピアソラが2回目に来日した時（1984年）、ラウル・ラビエも来て、藤沢さんも一緒に舞台に立って、その公演は印象的だったんですが、ピアソラはその頃歌に興味がなかったのか、演奏はすごいんですが、ラビエが歌う時にリハーサルを見に行ったんですが、1回やって『ハイ、結構』ということであっさりしているんです。そういう印象がありますね。

ピアソラはミルバには力が入っていました、特別ですね。バルタール（アメリータ・バルタール。タンゴ歌手でピアソラの妻だったが離婚した）とは長く続かなかったですね」

——他に、京谷さんがお会いしたタンゴ人について聞かせてください

「まず、プグリエーセ（オズワルド・プグリエーセ。ピアニストでもあり、作曲家で楽団を率いていた）ですね。すごいです。やはり一流の人はすごいと思いましたね。あと、オラシオ・サルガンですね。あの人は日本にも2回ぐらい来て、その都度、いつも仲間たちと食事したりしているんですけど。一緒に演奏？ いや、演奏はとんでもない！ やっていま

せん。

　今から30年ほど前にヨーロッパ旅行をしたんです。パリに『ブエノスアイレスの散歩道』というライブハウスがあり、アルゼンチンから演奏家を一年のうち何ヶ月か呼んでいる店があり、ちょうどサルガンが演奏しているというので会いに行ったら、『どうしてここにいるんだ！』と聞かれて、びっくりしていました。私たちが話していると、タンゴ好きなドイツ人のファンの観光客が来ていて、英語ができる女房に、『サルガンに聞いてくれ』と質問してきたというような思い出がありますね。

　それから、最初にサルガンと来ていたバンドネオンのペドロ・ラウレンス、素晴らしいですね。普段はほとんど表にでない感じなんですが、自分のソロになるとバンドネオンが素晴らしい。男らしくてカッコ良かったですね。

　ネストル・マルコーニ？　いいんですが。あまり僕の好きなタイプじゃない。ルジェロは好きなタイプです。今では古いタイプかもしれないが、しかし一本筋の通った個性というものがありますね」

北京、天津で歓迎さる
──中国で公演された経緯などをお聞かせください

　「大阪の文化交流団体の責任者と東京で知り合い、今度中国へ行くんだけど一緒に行ってもらえないかと言われて、小松勝、真知子とトリオでやっていた時代に行きました。40年ぐらい前で、まだまだ中国が開けていない時代、自転車が全盛の時代で、北京では車なんか見かけなかったですね。たまに車を見るとすれば『上海』という公用車だけでした。

　みんなが『青い人民服』を着ている時代で、日本の若い人の三つぐらいの音楽グループでポップスなどが入っていて、その公演の一つにタンゴがあり、北京と天津で公演を1回づつ、わかりやすい曲を選んでやったかな。トリオで演奏して、2時間の公演のうち40分ぐらいやりました。当時の中国は、日本で言えば明治時代のように西洋音楽に憧れている時

代で会場は超満員。西洋音楽を受け入れたいという時代、タンゴを初めて聴くんだという感じで、とても受けました。中国は今と違ってまだ貧しい時代で昼はマントウ（饅頭）だけだというのに、こっちは毎食毎食ごちそう攻め乾杯攻めで、1週間ぐらいの忘れられない滞在で面白かったです。それ以降はもう一度、20年ほど前だったか、志賀さんと一緒に中国で公演しました」

京谷弘司はまた、7年ほど前に一人、キューバから呼ばれて彼の地のオーケストラと共にピアソラを演奏したという珍しい体験もある。

タンゴダンス隆盛時代に思うこと

――タンゴダンスは今、世界中盛んで、一部には「第三期黄金時代」とか言われていますが…

「そこは疑問ですね。ダンスは隆盛ですよね。しかし聴く方はどうでしょうか。この前、若いバンドネオニスタに聞いたら、聴く方はやはりシニアが多く、若い人にはそんなに広がっていない。残念ですね。

僕らがライブをやっても知り合いはみんな高齢なんですよね。若い人が少なく、困ったなと思いますね。そういう点でタンゴは、なかなか難しい音楽ですね」

――飯塚久夫（日本タンゴ・アカデミー会長）さんは、タンゴを踊る若い人たちにしつこく、「タンゴをちゃんと聴かなきゃうまくならないよ」といつも言っているんだとおっしゃってましたがね。

「いや、やはりダメなんですよ。踊りは踊り、聴くは聴く。踊る人にライブに誘っても来ないです。踊る人はライブには興味がない。踊る人はコンサートには来ないです。その辺、だいぶギャップがあるんです」

現在、高齢者の中から、ほんの一部、何人かが踊りを始めた人もいるが、京谷が指摘するように、まだまだタンゴを巡る音楽状況はいびつな感があると言えるだろう。

バンドネオンの可能性

——現代音楽の武満徹や久石譲がバンドネオンを取り入れた曲を創ったりしています。バンドネオンの可能性についてはどう思われますか?

　「バンドネオンは現代音楽になじみやすいのか、マッチしているんじゃないかとも思うんです。久石譲さんとは何回か仕事をしたこともありますし、バンドネオンはジャンルにこだわらずに活用される可能性があると思います。今の若い人は昔と違って、ひとり一人技量も上がっていますので、現代音楽系などのジャンルだといいんじゃないでしょうか。

　バンドネオンはもともと、パイプオルガンの代わりに生まれ、ポルカなどにも使われるようになったんですが、アルゼンチンに行ってから深い能力が開発された。ネストル・マルコーニはそういう状況を見て、『今頃ドイツ人は悔しがっているだろう』と言ってましたが、アルゼンチンに行って、その良さが開発されたんですね」

作曲家としての京谷弘司

　意外と知られていないが京谷弘司は、演奏するするだけでなく、オリジナル作品もいくつか発表している。実はこのインタビューの前に、銀座の「リベルタンゴ」でのライブに宮本政樹(アルゼンチンタンゴ愛好会『ノチェーロ・ソイ』の主宰者)と出かけた。17 曲ほど演奏した中に、『プグリッシモ』、『メランコリカ・シウダ』(メランコリックな街)、『レコルダシオン』(回想)、『モノローグ』(バンドネオンのひとり言)という 4 曲が演奏された。

　嬉しいことに京谷は、エドゥアルド・ロビーラの『A Evaristo Carriego』(エバリスト・カリエーゴに捧ぐ)を第一部の最後に演奏した。ロビーラはバンドネオン奏者、また才能豊かな作曲家だったが、ピアソラに比して知名度が今ひとつ浸透していない。前出の曲は、20 世紀初頭、ブエノスアイレスの下町の風物や庶民の哀歓を詠った詩人、カリエーゴへの讃歌である。アルゼンチンを代表する作家、ホルヘ・ルイス・ボル

ヘスにとってはカリエーゴは畏友でもあり、彼の評伝も書いている。

　実はこの曲は、今は亡き伝説的なタンゴダンサーだったカルロス・ガビートのテーマ曲としてつとに有名な作品であり、筆者も大好きな曲である。京谷は、「ロビーラの作品は、革新的な音楽ということで一般に受け入れられなかったが、あの一曲を残して良かったと思う」と嬉しい言葉をくれた。

芸術家としての京谷弘司

　京谷弘司に言わせると、「タンゴの世界はアナログの真骨頂みたいな音楽」で、アルゼンチンでも今のようなデジタルの時代は創造の分野で傑出した人は出ないと言う。「時代のせいにはしたくはないが」と断った上で、「クラシック、ジャズ、シャンソンも然り。文学にしろ絵画にしろ、名作名曲は出尽くした」と京谷弘司は言うのだ。

　意外に思うと言えば叱られそうだが京谷は、アメリカのミステリー作家、鬼才と言われたトマス・ハリスの小説『羊たちの沈黙』や『ハンニバル』などが好きだと言うだけあって文学にも関心が深く、ミステリー小説が好きだと言う。日本では、藤沢周平や松本清張、黒岩重吾などがお気に入りだ。さまざまな職業遍歴を経て小説家になった彼らの作品は単なる推理小説というジャンルを超えて人間が描かれていると言っていいだろう。京谷弘司という一人のバンドネオン奏者という以上に、いわば芸術的な感性の鋭さが見えてくるようである。また、絵を見るのも好き、とりわけ印象派が大好きだと言う。

　ストラビンスキーは？　と聞くと、「ストラビンスキーはダメ、ピアソラはすぐわかるんですがね（爆笑）」と語るところが面白い。

――オリジナル作品を今後も創ってほしいですね。

　「作曲家じゃないので、たまにアイディアが出てきたら創るという感じですね。これからは昔の模倣だけではいけないと思いましてね。自分た

ちが主張できる音楽をやっていかなきゃいけないんじゃないかと思うんです。これからの人たちに声を大にして言いたいのは、それですね。ありていに言えば、今は過去の遺産で食べているという時代ですからね。新しい曲がほとんど出ていませんから、自分たちが考えて開発していかなきゃいけないんじゃないかと思うんです」

——京谷さんにはその点で危機感があるんですね。これからどう生きますか？
　「そうですね。今後もできればオリジナル作品を創っていきたいと思います。なかなかアイディアも出てきませんが。これからどう生きていくか？　どうしましょうかね（笑）。まぁ、ご要望がある限り、身体の方も悪いところはないので、生涯現役でやっていきたいですね」

　人生100年時代である。まだまだ京谷弘司が活躍できる時間は多い。ともあれ、日本タンゴ界を牽引してきたバンドネオン奏者、そして作曲家としての京谷弘司の今後を更に期待して注目していこう。

第10章

先頭を走る男の
栄光と孤独

ピアソラか古典タンゴかという二元論なんてナンセンス！
小松亮太、ラディカルにタンゴを語る

「亮太は世界的」というモサリーニの言葉

　小松亮太（以下、亮太と略す）は日本を代表するタンゴ音楽家という
だけでなく、今や世界的なバンドネオン奏者として屈指の存在である。
超多忙な中、インタビュー（2014年10月7日）を引き受けてくれた5日前、
私は千葉県船橋市の市民ホールで行われたフアン・ホセ・モサリーニの
演奏会に出かけた。モサリーニは周知のように、バンドネオン奏者とし
て現代タンゴの大御所的存在であり作曲家である。

　10年ぶりの来日だ。思えば、「ピアソラへのオマージュ」と名付けられ
た東京・渋谷でのコンサートは本当に感動的だった。その後、このコンサー
トは「幻の名演奏会」として伝説的に語られているほどである。私もあ
らゆるジャンルのコンサートに出かけたが、この時ほど感動したことは
ない。素晴らしい演奏だった。

　さて、船橋市民ホールの公演の時、モサリーニは最後に、「世界的なバ
ンドネオン奏者も今日、この公演に駆けつけてくれました」と言って会

場にいた亮太を紹介した。ちょうど亮太の父親世代のようなモサリーニから、「世界的なバンドネオン奏者」として紹介されるほどの存在になった亮太はまぎれもなく、今日の日本のタンゴ隆盛の最大の功労者であると言っていいだろう。

　思えば今から20年ほど前、まだ亮太が20歳前後の時、東京・向島で毎月1度開かれていた、タンゴダンサー・桑原和美が主宰する「ガルーファ」とネーミングされたミロンガに私もよく出かけていたが、亮太もバンドネオン奏者としてよく参加していた。

　今回のインタビューで亮太はその頃のことを、「ちょうど東京バンドネオン倶楽部ができた頃で、初期のメンバーの生徒さんが60歳ぐらい。人前で弾ける練習試合のような感じで演奏させてもらおうということで遊んでいた」時期、いわば修業時代だった。

　当時から、いずれは世界的なバンドネオン奏者になるであろうと思っていたが、実際、想像した以上の存在になっている。その後も、コンサートやタンゴに関する講演や音楽などのイベントで顔を合わせたことは何度かあるが、嬉しいことに亮太は、私の存在と名前をしっかりと憶えてくれていた。

小松亮太

両親がリハーサルする中で育つ

　亮太は1973年10月、東京は足立区の北千住に生まれた。北千住はかつての宿場町である。過日、中国のハルピンに進出希望があるメーカーを訪ねるため北千住に行ってわかったが、なかなか懐の深い街である。しか

し亮太に言わせれば「今は大きくなり過ぎた」と、かつての趣きのある小さかった街を懐かしむようである。

　周知のように亮太の両親は、ギタリストの小松勝、ピアニストの小松真知子である。当時、両親はバンドネオン奏者の京谷弘司とトリオを組んでいた。

　亮太は述懐する。「京谷さんは当時、北千住に住んでいて、僕が自宅に帰ると、京谷トリオということでしょっちゅう練習をしていた。当時のあの人たちは、今の僕より若い年ですからね。30代前半だったでしょう。あの頃、京谷さんと両親たちはオリジナル曲や、もちろん古典の曲も含めていろんな曲をディノ・サルーシにアレンジしてもらって練習していて、それはそれで画期的なことをやっていたんです。と言うのは、うちの両親と京谷さんはタンゴブームのブランク世代なんですね。タンゴブームが終わってから、昭和40年代後半からのブランクの時代にタンゴを始めたから、いい仕事に恵まれず、だから、三人とも実は諦めていて、もうどうせ儲からないなら、好きなことをやろうとやっていた。結構マニアックなことをやっていた頃なんです」

──「冬の時代」を過ごしていた？

　「そうです。まさしくそうです。例えばヴァイオリンだと志賀清さんとか、あるいは藤沢嵐子さん、阿保郁夫さんらが活躍していた昭和30年代のタンゴブームのど真ん中を知っている、今70代半ばから80歳ぐらいの人たちから見ると、両親たちは本当にそのブームが終わっちゃってからタンゴを始めた人たちというイメージでしょう。

　すでにオルケスタ・ティピカ時代が終わってからタンゴを始めた人たちです。だからどちらかというと、トリオでモダンタンゴをやっていたのは僕の小学校時代の頃です。

　当時は、バンドネオンには接していないけど、京谷さんの演奏は今、大類さんとこう話している距離（約1メートルか）で見ていたんです」

カルロス・リバローラと踊る桑原和美。リバローラは現在でもなお一級のプロダンサーである。

——音楽への道は漠然とだがあったんですか？

「初めのうちはタンゴではなく、僕はクラシック音楽の指揮者になりたくて、ホントに馬鹿な夢を持っていたんですが、途中から、その時たまたま余っていたバンドネオンが家に来て、それに触っていたんですね。そしたらその時、指揮者になりたくて習っていた音楽学校の有名な岡部守弘先生が、『とにかく音楽をやって生きていくというのは大変なことなんだ。君ね、せっかくそんな珍しい楽器と出会ったんだったらね、みんながやらないことをやって生きていくことは幸せなことなので、それを捨ててそっちに行かないというのは非常にもったいないんじゃないの』と逆に言われました。

　また周りの大人たちも、とにかく、本当に切羽詰まっていたんでしょうね。『バンドネオン奏者の新人さんがほしい、新人さんがほしい！』と言っていた時代です。80年代のバブル期だったから仕事自体はあったんですよ、すごく。ただバンドネオン奏者があれだけ少ないと、仕事を引き受けられないと。逆にチャンスがあるけど、バンドネオン弾きが少ないせいでチャンスを逃すみたいな感じで、だいぶ苦しんでいたんじゃないかな。周りの大人からは『がんばれ、がんばれ』と、（バンドネオン奏者として生きていくことを）勧められましたね」

——タンゴよりクラシックの方が好きだった？

　それはもうクラシックの方が好きでしたね。友達に勧められて、いろんなポップスやロック系も聴いていましたけど。ただタンゴはね、うちの両親が1階でリハーサルをしているのを2階にいると下から聞こえてくる。別段の知識はなかったですね。これはいい曲だなとか、これはつまんないなとか思いながら聴いていました。中学、高校時代ですね。『門前の小僧、習わぬ経を読む』みたいな感じで。今考えると家には、当時の日本のタンゴのミュージシャンのいい人たちが来ていて、あれを当たり前だと聞いていたのは、ずいぶん幸せな話だなと、今思いますね。僕なんかが当たり前だと思っていることが音楽学校を卒業してから『僕タンゴをやりたいです』と若いミュージシャンがくる。こっちが当たり前だと思っていることを彼らはなかなか理解できないわけですよね。僕なんか昭和30年代のタンゴブームを目の当たりで見たわけではないですが、ただその残り火のようなものを毎日、自宅で浴びていたわけですから。まあ、そういう意味では幸せだったと思いますね」

亮太少年は現代音楽が好きだった

——ちなみにクラシックではどういう好みでしたか

　「子供のころは、ラヴェル、ドビュッシー、ストラヴィンスキーとか、いわゆる近代現代、20世紀に入ってからの音楽が好きでしたけど…大人になると不思議なもので、高校生ぐらいになるとだんだんベートーヴェンとか、ガチガチのドイツ音楽の良さが好きになってくる、わかってくる。決して有名でない、ポピュラリティーがないといわれる曲の良ささえもだんだん大人になるとわかってくる気がする」

——指揮者としてのイメージは…

　「自分がそうなりたいというわけじゃないですが、朝比奈隆が強烈なインパクトでね、僕には。たまたま行ったコンサートがベートーヴェンです。

（朝比奈が）出てきたとたんに（感じが）違う。出てきたとたんにお客さんがウワァッと思っていることがわかる、肌でわかる。13歳か14歳の時、まだバンドネオンを触るちょっと前ですかね」

——音楽少年　天才の萌芽ですね

　「音楽をやっている家の息子で一人っ子ですから、親たちの影響が全部来る。自分の両親もあるけど、両親の友達や仲間の先輩が家にリハーサルで来る、その影響があったでしょうね。例えばヴァイオリンという楽器は、みんな志賀清さんみたいな音が出ると思っていた。子供の頃から聴いているから。ところが大人になって周りを見ても、誰もあんな演奏をできる人がいないわけです。嵐子さんの歌でも阿保さんの歌でもそうですね。タンゴの歌ってこんなものかと思っていた。図々しいけど生意気ですけど、そう思っていた。ところがあんな風に歌える人はいない。コントラバスの松永孝義さんもそう。この前に亡くなりましたが。だから今となっては価値があるものを僕は普通に聴いていたんですね」

——岡部先生との話を聞くと、ピアソラがナディア・ブーランジェに言われたみたいですね*

　「そんなレベルのようなものじゃないですがね。非常にこすっからい話ですけど、周りの大人たちが僕に言ったのはね、とにかく音楽をやって生きていくことは、まずは楽器による幸不幸の差があるんだと。例えばトランペットとかフルートだとかの管楽器で日本一ぐらいにうまくなっ

---

*アストル・ピアソラはクラシックを本格的に勉強するためパリに留学。高名なクラシック音楽の教育家であり、レナード・バーンスタインやダニエル・バレンボイムの先生でもあったナディア・ブーランジェ女史に教えを受けた。ブーランジェはピアノを弾くピアソラを見ながら、「何かが違う」という違和感を持っていた。そしてピアソラに尋ねた。「あなたはアルゼンチンでは何をやっていたの？　正直に言いなさい」。するとピアソラは恐る恐るバンドネオンを出して弾いた。それを聴いたブーランジェは「あなたはそれをやるべきよ」、とバンドネオンに回帰することを勧めた。ピアソラがタンゴの原点を見直す契機、アイデンティティーをタンゴに見出す機縁になったのである。

ても、やっと二流どころのオーケストラに入団できるかどうか。それぐらいの狭き門であると。ヴァイオリンなどはまだましだ。と言うのは、ヴァイオリンはいっぺんに30人ぐらいを使う仕事がある。そんなに上手でなくとも呼んでもらえるかもしれない。とにかく珍しい楽器をやっているというだけで、はっきり言って食っていけるんだ、というような非常に現実的な話をいろいろ聞かされました。

　うちの両親とか両親の友達とかは、管楽器とか打楽器とかの厳しさ、こんなにうまくてもダメかという（厳しい）話を知っていますから。『バンドネオンを弾き始めた少年がいる』ということだけで大騒ぎです。事実、まだ楽器を持ってから1年か1年半ぐらい、まだ高校生なのに突然仕事が入ってくるわけですよ。仕方がないんです。（バンドネオンを弾く）人が足りなかったというか、もの珍しさですね。高校生だから、使う方もあまりギャラを払わなくていいから、『練習試合と思って弾いてよ』と言って、安く、経費削減みたいなことができるわけでしょ。それでずいぶん、アマチュアの人とかプロの人たちのスタジオ録音の手伝いをしましたね」

――音楽以外に、他に関心はなかったんですか

　「なかったですね。とにかく中学2年生の時ぐらいには、なんでもいいから音楽に関係のある仕事じゃないと自分は生きてはいけない、という予感がありましたね＊」

――そうすると、小学生とか中学時代は、あまり話せる友達はいなかったんじゃないですか。

　「中学まではそうですね。高校（聖学院高校）に入ったのは1989年なので、ロックの80年代、ブームのピークだったんですね。ただ高校はな

＊亮太の母、真知子は桐朋音楽大学を出ているが、父親の勝は脱サラしてミュージシャンになった人である。父親は亮太少年に時々、普通のサラリーマン世界の虚しさを語っていたという

ぜか音楽学校でもないのに楽器をやっている人が多くてね。ピアノを弾ける人、ギターが弾ける人、ドラムが叩ける人、ヴァイオリンが弾ける人などがえらく多く、音楽について話せる人も多くて、たまたま高校生のバンドを作ろうと言って半分遊びでやり始めたら、蟹江丈夫（タンゴ解説家、故人）さんが『ラティーナ』に『高校生たちがタンゴをやっているよ』と、ほんのちょびっとだけ書いてくれたんです。3行か4行だったけど、それを目ざとく見つけたタンゴの好きな東京芸術大学の付属高校にいた人が、リハーサルを見せてくれと電話をかけてきたんです。みんな同じ年で高校2年生です。その頃が1991年、92年、ピアソラブームが来かかっていた時ですよ。ということであんまり寂しい思いはしなかったですね。その時の友達は今みんな活躍しています」

クラシックへの夢を諦め、タンゴへまっしぐら
――音楽大学へ行くという気持ちはなかったんですか？

　「いや、ありました。まだ未練はありましたね。高校まではバンドネオンを教えてくれる先生は残念ながらまだいなくて、例えば来日したコランジェロさんと一緒に来たカーチョ・ジャンニーニさんに、ホテルに行ってちょっと習うみたいにしかできない。今はインターネットがあってアルゼンチンの先生に直接、連絡を取ってすぐに習いに行くでしょ。ところが80年代90年代の最初の頃は、アルゼンチンとコール・アンド・レスポンスをするのが難しかった、本当に。ほんの20年前ですけど。

　で結局、アルゼンチンに留学することはできないし、日本に先生はいないし、僕もこんなマイナーなバンドネオンをやっていくということ、タンゴというマイナーな音楽をやっていくことにちょっと恐怖はあったし、クラシック音楽をやっていきたいという気持ちも捨て切れず、それで自分なりに、もう少し踏み込んでみようと思って、高校を卒業した年の夏に、池袋の東京音楽大学の夏季講習に3万円を払えば誰でも好きな指揮者のコースを受けられるというので3万円を払って（笑）、どんなも

のか見てみなきゃ始まらないと行ってみたんです。

　あわよくば、東京音楽大学の、楽器はバンドネオンでは科目がないので入れないから、例えば作曲科とか音楽理論、いわゆる楽理科か指揮科に入れたらなぁという甘い気持ちを持って夏季講習へ行ったところ、もうまったく大変な世界だということを思い知らされました。これはすでに確立された音楽ジャンルの中で頑張って行くというよりも、みんながやらない音楽ジャンル、みんながやらない楽器をやって、苦しいこともあるだろうけど切り開いてご飯を食べていくのがいい。それが一番いい方法なんだろうと自覚して、19歳ぐらいからはホントに迷いは捨ててやってきました」

──「指揮者の世界は大変だ」という、まったく敵（かな）わないということは具体的にどういうことですか

　「例えば指揮者といえば、素人さんはね、棒を持ってかっこよく振っていればいいんだと見えるかもしれないけど、その指揮者のやらなければいけない勉強の量といえば普通じゃないわけですよ。だってもういきなりね（手元の楽譜を出して）夏季講習へ行ったら、いろんな楽器があるわけですよ。オーボエ、クラリネット、ホルン、ヴァイオリンが二人、ビオラ、チェロ、コントラバス、いろんな楽器がズラッーとあるわけですよ。

　学生がまったく知らない曲の、初めて見る楽譜を、いきなり持ってきて、ピアノの前に座らされて、初めて見るいろんな楽器の譜面を見て、『さあ、どういう曲だか弾いてみろ』と言われるわけですよ。ピアノの譜面を読め、というならわかりますよ。（譜面を筆者に見せながら）これ見てください、この段数！　これを見て、いきなり弾けというわけです。ほとんどの学生はできないわけですよ、難し過ぎて。

　『なんだ！　お前、そんなことも出来ないのか。今日から帰ってピアノを8時間練習しろ』と言われたりとか。それから言葉ね、英語は当たり前、

ドイツ語、できればフランス語、イタリア語、オペラをやるならイタリア語わかんなきゃしょうがないでしょうと普通に言われる世界です。それでいてカリスマ性がなきゃいけないでしょう。だから恐ろしい世界だと思う」

アルゼンチン長期留学を断念した日本事情[*1]
——コランジェロと一緒に来たジャンニーニにかなり教えを受けたということですか

「それがですね、僕は高校を卒業して、長期留学を1回してみようと思っていたんですよ。ところが、とにかくバンドネオン弾きが足りないと（苦笑）。なにしろ、岡本さんと門奈さんが（両親のトリオで）変わりばんこでやっていたぐらいでしょ。門奈さんは今でも京都に住んでいる。岡本さんはタンゴブームが終わった後に就職して普段は、会社勤めをしながらミュージシャンをやっているんですから、足りないわけですよ。

結局、『いや行かないでくれ』と言う声が相次いでありまして（笑）、要するにこれは何かというと、バンドネオンの人が一人消えるということは、その分、ピアノの人もヴァイオリンの人もタンゴの仕事を取れなくなるわけです。やりにくくなる、非常に。なので、行くなら、時々行くようにしてくれというので、僕がアルゼンチンに留学したのは結局、全部で3週間です。

忘れもしない1993年1月から3週間だけ行って1日おきにカーチョさんの家へ行って習う。人に習うということをしたのはそれっきりですね[*2]」

---

*1 当時活躍していたバンドネオン奏者といえば、前出の京谷弘司、門奈紀生、岡本明などがいたが、亮太は彼らから直接、教えを受けてはいなかった。
*2 『小松亮太とタンゴへ行こう』という亮太の著作がある。その中で亮太は、「そもそもぼくは〈習う〉ということが苦手で、たとえばピアノを習いに行ったらもうバイエルが用意されている、というのが耐えられないんです。自分の生徒には〈エチュード（練習曲）をやれ〉って偉そうに言っていますけど」と語っている。(p.146)

——「人に習うのは好きじゃない」。これは独創的な音楽家の常ですよ

　「ただね。気持ちとしてはそうですけど、それはまぁ…なんと言うのかな…それはね、限界がありますよ、限界がある！　人に習わないで自分で切り開いて行くぞというガッツであるとかアイディアであるとか、それは大切なことだけど、人に習わなくてもいいのはねぇ、例えば作曲家とかアレンジャーとかね、そういう人は人に習わなくてもいいの」

——あぁそうですか

　「（習わなくて）いいです。なんでかと言うと、結果的にいいものが出てくればいい。楽器というのはね、これはなんの楽器でもそうだけど、楽器を弾くというのはスポーツと同じで肉体運動なんです。体を使って肉体を自分の思う通りにコントロールして何かを、パフォーマンスを行うという仕事だから、ちゃんとしたトレーナーさんについて訓練しないと間違った筋肉がついてきたりとか、怪我をしたりとかに繋がっちゃうんです。楽器の練習ではちゃんとしたコーチに一定期間つくべきでしょうね。今も僕は、そこは苦しんでいますね、後悔していますね。ただ当時は仕方がなかった」

藤沢嵐子との出会いと最後の別れ
——話は変わって、2013 年に亡くなった藤沢嵐子さんに最初にお会いしたのは…

　「本当に最初に会ったのは 1983 年だと思う。小学校の 4 年の時に、嵐子さんはうちの母親と父親に、『あんたのところの子供に一度会ってみたいわね』と言ってくれたらしくて、六本木の嵐子さんの家の近くで初めて嵐子さんと早川さんにお会いして、寿司屋に連れて行ってくれたんですね」

——どうして会ってみたいと嵐子さんは言ったんですかね

「それは知りません。まったくわかりません。ともかく『会ってみたいわ』というので、ただ会ってお寿司を食べて…その後、僕がバンドネオンをやり始めてから、今度はミュージシャンとして、もちろん子供と大巨匠ですけど、交流を始めさせていただいたということですかね」

——実際、ステージで嵐子さんが歌う時に共演したのはいつですか?

「そう、一番最初に共演したのは16歳の時ですね、横浜で初めて嵐子さんと共演しましたね。その後、年に1回か2回、タンゴ・クリスタルの編成が大きくなった時に、エキストラとして、複数いるバンドネオン奏者の一員として出ました。嵐子さんがもう引退すると91年におっしゃって、その時に『ティエンポス・ビエホス』というカナロの曲を二人で、デュオでやろうよと言われて、稽古をつけてもらって、たった一人で伴奏させてもらったというのが最大の思い出であり、ありがたかった。いや今にして思えば本当に…しかし、藤沢嵐子という人がどれほどの能力を持った人なのかということが、意外とみんなわかってないんじゃないか(笑)。これは一緒に演奏したり一緒に録音したりするとわかりますけどね」

——それがどういうことか、素人でもわかるようにおっしゃってくださいよ

「素人でもわかるように? 素人でもわかる言葉? そうねぇ。まずね、並クラスの歌手とあの人の歌を比べてみたらね、そりゃ魅力が違うと言えば身も蓋もないんですが、その発音とイントネーションからくるリズム感ね。リズムに縛られていながら、いくらでも自由になれる。自由に歌っているようで…例えば、バンドが伴奏している、自分が歌っている、そのバンドから全然違うところに勝手に行ったかと思うと、ヒューーと戻ってくるテクニック、これはリズムの問題ですけどね。これはもう…やはり全然違う…並の人と」

——嵐子さんは引退後、新潟に引きこまれて、2013年に亡くなられましたが、ずっとタンゴ関係者も含めて会いたくないと、ほとんど人と会うことを拒絶されていましたよね。亮太さんは嵐子さんが亡くなられる前にお会いになったでしょ。その経緯はどういうことだったのでしょう？

「要するに、藤沢さんがお付き合いなさった人の中で、僕だけが若かったわけです。ちょうど二世代離れているからね。結局、嵐子さんがお付き合いされた中で一番若かった。次に若いのはうちの母親ですよ。そこでひと世代ブランクがあるわけです。だからミュージシャン同士の感情的なもつれだとかね、仕事の上でのしがらみだとかに僕は、あまりにも関係がなかった。ただ単に、音楽だけで話ができるのが僕だったのでしょう、嵐子さんから見れば。

それから、嵐子さんと久しぶりに電話で話した時に言われたんですが、昔はテレビとかラジオとかメディアに出て（嵐子さんは）タンゴを広めた人でしょう。そこに（メディアに出ている）僕みたいな者に親近感を持たれたんだと思います。びっくりしたのは嵐子さんがね、世の中の情報に疎い嵐子さんが、僕が出ていた番組をチェックされていて、あの番組は聞いたわよとか、あの番組見たわよとか、よくチェックされていて、本当に嬉しかったですね。

2014年の新潟中越地震があった後に、タンゴ・ミュージシャンのおじさんたちがカンパして嵐子さんに見舞金をお送りしようよという話になって、僕も参加して…その時、ホントに嵐子さんはどうしているかなと思って、『ひとりで静かに暮らしたいからさ』と言っていたのに、連絡するのもどうかなと思っていたんだけど、でも『ホントに連絡したかったら、ここに連絡すれば絶対連絡つくんだよ』という連絡方法を僕は前から知っていたんですよ。それで、ちょっと勇気をもって連絡してみたんです。最近出したCDを1枚つけて送ったら、すぐ返事が来て、じゃ今度会いましょうということになって、久しぶりに会いに長岡へ行きました。

まぁね、嵐子さんらしいというか、自分に『活を入れて』、自分に厳しく、というか、たったひとりになって、一人暮らしをしても自分に甘くなく、生活にちゃんと区切りをつけて、朝何時に起きて何時に寝てと、きちんとして、あの人、キリスト教徒でしたからね、ちゃんとしてましたね」

藤沢嵐子と小松亮太との不思議な結びつき

　「嵐子さんはね、昔のバンドマンたちの、タンゴマンやジャズマンたちのやくざな世界に嫌気がさしたんでしょうね。僕からすれば面白くてしょうがない昔の武勇伝というか、本当に歌舞伎町で毎日のように行われていたタンゴとかジャズシーンの面白いサイドストーリーなんだけど、その渦中にいた嵐子さんというのはねえ、なにしろ周りは男でしょ、自分ひとりが女で、女王蜂みたいな感じで、そこのところで長年やってきて、本当にやはり疲れたんでしょうね。その後、何回かお会いして、新潟で公演した時にも来ていただいて、いやあ、いろんな面白い話をお聞きしましたね」

──とっておきのエピソードは？

　「いや不思議なもんだなぁと思ったんですがね。2005年にね、僕、自分のオルケスタで南米ツアーをやったんですよ。ペルー、パラグアイ、アルゼンチン、ブラジルという感じで、全部で10回ぐらいコンサートをやったのかな、で、アルゼンチンの初日に国会で演奏したんですよね。そしたら最前列に、すごい上下の白いスーツを着て、おばあさんなんだけど、ものすごくスタイルが良くて、この人昔、スゲェ美人だったんだろうなというような、この人どう考えても普通の人じゃない、おばあさんというかおばさんが最前列で、一生懸命聴いているわけですよ。

　で演奏が終わったらね、楽屋にそのおばあさんが来てて、『マリア・デ・ラ・フエンテです』と言うわけですよ。『エッ！　この人がそうなんだ』と、それで僕は率直に聞いたんです。『なんで僕のコンサートに来てくれたん

でしょうか』と聞いたんです。そうしたら『あなたが来ていて、聴きに来ないわけがないじゃないですか』と言われて…とにかく来てくれていて、なんだか分からないうやむやのうちに立ち話をして終わったんですけど、で…（思い出すように）そうだ、そう、それでね。マリア・デ・ラ・フエンテさんが1950年代に特に活躍していた歌手だということはもちろん知ってました。あと、1950年代のアストル・ピアソラと付き合いのあった歌手であるということは、当然知ってたわけですけど、嵐子さんに久しぶりに会った時にね、『この前、南米ツアーをしましてねと、マリア・デ・ラ・フエンテさん…』、いや違う、違う。僕が言い出したんじゃない、はっきり覚えている。嵐子さんが『私が昔アルゼンチンによく行った頃は「フヒティーバ」という曲、ピアソラが作曲した、今は全然、あの曲は有名じゃないけど、あの頃はあの曲がすごく流行っていた』と言い出して、それで僕が急に思い出して、そう言えば、『あの「フヒティーバ」を歌っていたマリア・デ・ラ・フエンテさんという人が僕のコンサートに来て、もうびっくりしちゃったんですけど』と言ったら、『えっ！　会ったの！』と言うわけですよ。嵐子さんは、『実は私は、あの人には本当に良くしてもらって…』と言うわけです。

　嵐子さんはもともとミュージシャン同士の友情なんて信用しない人なんですけど、その嵐子さんが珍しく、『私はフエンテさんには本当に良くしてもらった、利害抜きにね。彼女は私のことをどう思っているか知らないけど、私にとって彼女は、本当にいい友達だったと思っている』と言ってね。フエンテさんが僕のコンサートに来てくれたのも、日本人が演奏しに来たからという懐かしさもあったかもしれないけど、なんだかわからないけど、たまたま初対面でご挨拶したフエンテさんと嵐子さんがそんなに仲良しだったことも知らず、そういう話がそこに出たのも不思議だけど、さらに不思議なことには嵐子さんが亡くなって1ヶ月もしないうちにフエンテさんも亡くなったんじゃないかな。実はフエンテさんの方が年上でしたからね。90いくつかでしたから。（大類注：フエンテの生

年については 1917 年と 1918 年という二つの説がある）ということがあって不思議なもんだなと思いました」

「ピアソラ好きもピアソラ嫌いも両方、大嫌い！」
——現在のようにこれだけタンゴが隆盛になった功労者は亮太さんだと思うんだけど、アストル・ピアソラとの出会いについて伺いたい。ピアソラを知ったのはいつごろですか？

　「ピアソラの名前は知らなくとも、嫌でもピアソラの曲は聞いていましたね。1 階で両親たちがリハーサルしていましたから」

——『アディオス・ノニーノ』なんかも練習していたわけですね？

　「ちょっと変わったアレンジでやっていましたね。いや正直なところ、ピアソラを好きにしろ嫌いにしろ、なんでみんなピアソラを特別視して語りたがるのか僕はちょっとわからないんですけどね。いや僕はあの人のことは、タンゴの中の一つだとしか思っていない。僕は『タンゴといえばピアソラですよ』と言うのも、はっきり言って大嫌い。『ピアソラなんかタンゴじゃない』と言う人も大嫌い！　両方、大嫌い！　実に知性と教養がないと思いますね」

——（笑）…

　「本当ですよ。本当にタンゴがわかるというのはね、ピアソラの良さ、ダリエンソの良さ、ディ・サルリの良さ、全部がわかることですよ。だいたいの人は片方になっちゃうんですよね。多くの人は未だにピアソラは特別で、他のタンゴは知らないし知る気もない。どうでもいい、と言う人もいるしね。そんなことを言っているうちはダメですね。タンゴファンが、何が好きだろうが嫌いだろうが勝手ですがね。タンゴを演奏する立場の人がね、どっちかしか知らないというのが困るんです。片方が落ちたらダメですよ。若い人に言っているのはね。ピアソラを上手に弾き

たいなら、『ラ・クンパルシータ』を練習しなさい、それが近道だからと言ってるんですが、なかなか信じてもらえないです」

「ピアソラか古典タンゴか」という二元論はおかしい[*]

　「この前もアルゼンチンの、ある若いタンゴの演奏グループが来たんですが、みんな僕よりも若いわけですよね。やっぱり、エッー！　と思うことがあって、例えば彼らがある雑誌のインタビューに答えているのを見てね、一番好きなタンゴの作曲家では誰ですかと聞かれて、もうみんな恥ずかしげもなく『アストル・ピアソラ！』と書いているわけ。そこに一つのためらいがないとダメなのよ…と僕は思うんですけど。

　ピアソラは天才で、素晴らしいのはわかっている。それはそうなんだけど…だからそれで喜んでいていいのかということです。ピアソラというのは、あくまでもタンゴの歴史の中の、もちろん大天才ですよ、本当に偉人なんだけど、それでもあの人ひとりがタンゴを創ったわけではない。もう一つは、モダンタンゴというものをあの人ひとりが創ったわけでは全然ないです。もう、たった一人で革命を起こした男みたいに思われているけど、そんなことあるわけないんです。

　あの人は、アルフレド・ゴビだのプグリエーセだの、ディ・サルリだのトロイロなど一流から四流まで、いろんなタンゴの世界観を自分なりにまとめて外に出したという人ですが、だいたいタンゴを踊るための音楽というだけでなくてね、クラシック音楽やジャズとかと融合して、もっと広く聴かれる音楽にしていきましょうよというムーブメントを起こしたのは実はピアソラだけでなく、あの人と同じように考えていた人は他に何人もいるんです。

---

*前出の亮太の著作にはこんな箇所がある。「ピアソラが好きという人なら、彼が尊敬していた人のことくらいは知っていて損はないでしょう。「ラ・ジュンバ？　聴いたことないです」「フリオ・デ・カロってだれですか？」それで二言目に「いやあ小松さん、やっぱりタンゴはピアソラですよね」って言われても笑顔を絶やせないこの辛さ（笑）」（p.98）

サルガンしかり、オスマル・マデルナしかり、プグリエーセだってそうでしょ。アルフレド・ゴビしかり、いわゆるモダンタンゴというものをピアソラさんがある日突然、他の星から来て、ある日プッと創ったわけではまったくないわけです。そういう人のことを、とにかく『ピアソラが好きです』と、深く考えもせずに言う。本当にそれでいいのかなと。もちろん僕だってピアソラは好きですよ。しかし、だいたいホントにレベルが低い話だと思うのは、『ピアソラ好きですか、嫌いですか』というのが、僕から言わせればレベルが低いわけです。何故かといえば、ピアソラという人は、いったい何枚レコードを創って、何種類の音楽を創っているのか、と言うことですよね。

　あの人の40年代と80年代というのは、全然違うことをやっているわけでしょ。40年代のピアソラのオルケスタってあるでしょ。40年代のオルケスタもピアソラだし、50年代の弦楽オーケストラとかオクテート・ブエノスアイレスのエレキギターが活躍しているのもピアソラの一つだし、『ブエノスアイレスのマリア』もピアソラだし。ある時にはゴジェネチェと一緒に共演していた時もピアソラだし、という人のことをね、『ピアソラ嫌いですか、好きですか』って、『それ、何だそれ！』と思いますね。例えば僕だったら、ピアソラのちょうどこういうことをやっていた時期が特に好き、正直この時期はあんまり好きじゃないという、一人の人間の中でもグラデーションがある。大類さんだってそうでしょ。『例えば、ダリエンソ好きですか』って仮に聞かれて、もちろん好きだけど『この時代のはそんなに好きじゃない。この時代のは一番好き』っていうのがあるわけじゃないですか。それなのに、なんかこうピアソラというのを一つのジャンルだと思っちゃっている。それが非常にまずい。あれはジャンルじゃなくて、一個人の一つの芸風なんであって、それを『タンゴの中で何が一番好きですか？　ピアソラ！』。しかもピアソラの中の何が好き、何が嫌いじゃなくて「ピアソラ！」、と言うのは、悪いけどホントにレベルが低いと思っているんです。『ピアソラか古典タンゴか』という二

元論がまことにつまらないな、と思いますね」

——『小松亮太とタンゴへ行こう』の中でも、「ピアソラは僕にとって最大の敵なんです」（笑）と書かれているけど

「ホント、そうやって見なさなければいけないですよ。はっきり言って、僕を含めて世界中のタンゴ・ミュージシャンが今ご飯を食べられているのは、あの人のお陰ですよ。でも、いつまでも（ピアソラが）続くわけはないでしょう。今は、『アディオス・ノニーノ』『リベルタンゴ』をやればね、お客さんはワッーと言ってくれるのかもしれないけども。それはね、要するにね『碧空』（大類注：かつて一世を風靡したコンチネンタル・タンゴの名曲）とかと同じですよ。ある時期にブームになって、『碧空』さえやればね、ある世代の人たちが喜んでくれると。それと同じようにね、今にこう、『リベルタンゴ』と『アディオス・ノニーノ』が古くなってね、『また、年寄りは「リベルタンゴ」を聴いてタンゴだって思ってる』と言われる時代が来るわけです。

だから僕は、ピアソラさんの力だけに頼るんではなくて、例えば、新しいタンゴをどういうふうに見ていこうかと言った場合、ピアソラさんの後を追うんではなくて、例えば僕だったら、ラバジェンさんとか、非常に伝統的なところから、ピアソラほど、そのいわゆるモダンタンゴにべったり乗っちゃうものでないものを追っかける。そういう方向性でモノを考えないといけない。

ともかく世界中がもうピアソラ病ですからね、2000年にラバジェンさんと「ピアソラを1曲もやりません」というコンサートをやったでしょ。あれなんか良かったですね」

『ブエノスアイレスのマリア』『若き民衆』などへの挑戦
——僕は、亮太さんがやったピアソラのオラトリオ『若き民衆』とか『ピアソラ別伝』、亮太デビュー十五周年コンサート、アメリータ・バルター

ルを迎えての『ブエノスアイレスのマリア』。それから SAYACA さんが
マリアをやった公演など、いろいろと節目節目でやった公演を聴いてい
るつもりなんですが、『ピアソラ別伝』をやったコンセプトというのはど
ういうものだったんですか

　「要するに、ピアソラという人ひとりをとっても、これだけのストー
リー、変遷がある。それに対する枝葉がある。例えばピアソラを取り上
げた時に、ピアソラをつかもうと思った時に、同時にプグリエーセ、ト
ロイロ、あるいはサルガンとか、他のタンゴの文化が引っ付いていかな
ければおかしいわけです。

　ところがピアソラと言ったらピアソラだけを持ち上げるわけです。そ
れに対するアンチテーゼというか、そういうつもりだった…ピアソラひ
とりがどれだけすごかったかなんて僕はもう興味がない。あの人がすご
いのは誰だってわかるんだから。そうじゃなくて、そのピアソラという
人を繙いていくと、後ろにトロイロがいて横にプグリエーセがいて、隣
にゴビがいてというのがある筈なんだ、ということを内にも外にも示し
ていきたいということで、言い方が悪いですけど、ピアソラという人の
看板を借りて、他の人の看板を持ち上げたいというところからやったん
ですけどね。でもなかなかそうはなりませんね」*

―――『若き民衆』は日本初演ですよね、感動しました。これは今までに
世界でも５回ぐらいしか公演をしていない。それを公演するというのは
すごいなと思い、尊敬しますね

　「そうですか。まあ、ひとつの記念としてはとてもいいんじゃないです

---

*『ピアソラ別伝』コンサートは世田谷パブリックシアターで 2002 年 9 月 22 日から 3 日
　間に亘って三つのプログラムで行われた。プログラム A では 1940 年代、ピアソラがア
　ニバル・トロイロ楽団を経て最初の楽団を結成した時代のタンゴの名作や、1950 年代、
　ブエノスアイレス八重奏団を結成した頃の作品など。プログラム B は 1960 年代から 70
　年代、そしてプログラム C では 1980 年代、キンテートという理想とクラシックとタン
　ゴの融合を試みた『プンタ・デル・エステ組曲』『バンドネオン協奏曲』の演奏だった。

かね。ただね、『ブエノスアイレスのマリア』にしてもそうなんだけど、あの人のやっていた、ああいうでっかい曲というのは本当に何なのか、なかなか外国人にはわかりにくい。と言うのは、なにしろネイティブの現地の人にもわかりにくかったんですから」

——僕が行った板橋文化会館での『ブエノスアイレスのマリア』のコンサートでもそういうことをおっしゃっていましたね

「ブエノスアイレスの人にとっても、『ブエノスアイレスのマリア』っていうのは何を言っているのか解らないという。そういうものが作曲されてから40年ぐらい経って外国で演奏するというのは、なかなか苦労がつきまとうんです。なにしろ音楽としてパッと聴いた時に魅力がありますからね。だからまずは、そこでタンゴの世界を好きになってもらえればいいという思いだけなんですけどね」

——ギドン・クレーメルが「翻訳は不可能」と言ってますでしょ

「それは無理でしょう。なにしろオペラシティ（東京・初台）でやった時に、ギジェルモ・フェルナンデスがね、フェレールさんの家まで行ってレクチャーを受けてきたと言ってましたからね。やっぱりとっても解りにくいんで、どういうつもりでやればいいんだろうかと。ただ、そこには隠喩があるわけですね。隠喩があるけど、それも1960年代にブエノスアイレスに住んでいた、しかもインテリの人ね、そういう人たちでないと非常に解りにくいところがあるんじゃないですかね。

ある意味でフェレールさんの詩もエリート主義的なところが確かにあるというかな。でも、なにしろ音楽ですよ。音楽が魅力的であることと、何を言っているんだかさっぱりわからないんだけど、それが何語に訳してもなんだか美しく聞こえるというのかな。

だいたいラテン世界はみんなそうでしょう。フランスの映画にしたってね、ブラジルとかアルゼンチンの映画や小説にしたって、何言ってん

だかわかりゃしないですよ。映画だってひどいじゃないですか。ブラジルの映画『黒いオルフェ』だって、映画の最初の方で死んだ筈の人がね、映画の終盤になって普通に出てきて喋ってるわけ。「えっ？　なんで？　これさっき死んだじゃん」って言いたくなるけど、そんなこと気にしちゃいけないんですよね（笑）。

　だから僕が言うのは、特に『ブエノスアイレスのマリア』は何の世界に近いかと言うと、「あれは宮沢賢治です。日本で言えば宮沢賢治だから、つまんない突っ込みを入れんな」と。これは、「本当はどういう意味なのかと考えるところに意味がある」というか、わからなくていいんだということです」

旺盛なチャレンジ精神

——亮太さんのそういう果敢なチャレンジ精神はどこから来ているのでしょう？

　「いや、はっきり言って、例えばピアソラの曲をやるということが特別な何か、ものすごいこととか…正直に言うとね、ピアソラもいいんですけど、本当はオルケスタとかで、オーソドックスなコンサートツアーをしたいんですがなかなか難しい部分もある。『ブエノスアイレスのマリア』をやるときは 10 人ほどのメンバーを入れなきゃできないので、なかなか難しいこともありました」

——やりたいのは、いわゆる古典タンゴの演奏ですか

　「本当はそっちの方をやりたいですよ。やりたいけれども…」

——亮太さんがやれば大丈夫です、人は入りますよ、今は

　「タンゴの世界としては成功するかもしれないけど、それは成功したとは言えない。700 人や 800 人のホールを満員にしなきゃいけないとなると、「ラ・クンパルシータやりますよ、カミニートやりますよ、エル・チョク

ロやりますよ」と言ったら、ある程度、一定の年齢層の人が来てくれる
かもしれないけど、そうじゃなくてやはり、ピアソラの力に頼らないで、
しかももっと新しいお客さんを集めるということが本当はできなきゃい
けない。

　実際問題ですね、90年代にピアソラブームがあった時に、30歳だった
人はもう50歳を超えているんですよ。どんどん時間が経っているわけで
す。僕は、日本に住んでいる日本人だから当然だとしても、例えば、日
本でこういうコンサートができたからすごいね、アルゼンチンに行って
も、同じように褒められてすごいね、みたいなことではなく、もっと新
しいステージに立ちたいなというのがずっとありますね。

　そういうこともあって今、韓国や台湾に一生懸命アプローチしている
ところなんです。日本人として、本場で褒められただけじゃなくて、例
えば他の音楽世界で言えば、ドイツ人がジャズを演奏する、アメリカ人
がヨーロッパのクラシック音楽をやる。これも珍しいことじゃない。

　タンゴだけが「タンゴです！　アルゼンチンです！　情熱のタンゴで
す！　魅惑のタンゴです！」と相変わらずのキャッチフレーズで、世界
中で同じことをやっているわけです。ダンサーが出てきて『ガジョ・シ
エゴ』を踊って、『エバリスト・カリエーゴ』をやって、最後に『アディ
オス・ノニーノ』をやって、『ラ・クンパルシータ』をやって終わるとい
うパターン化したショーで世界中が染まっているわけです。そうじゃな
いタンゴを我々みたいな外国人がもっと展開していって、アルゼンチン
の人が考えるやり方とは違うタンゴのあり方を創っていかないと、同じ
ことの繰り返しで、80年代から何も変わっていない。

　こんなレパートリーがあるのに、こういう演奏ができる筈なのに、もっ
と新しいお客さん、新しいファンを絶対開拓できる筈なのに、同じお客
さんを集めて同じ曲を同じ場所で演奏するということばっかりです。世
界中が。そうじゃなくて、日本人である我々は、外国って言ったらどこ
へ行くのか？　アルゼンチンですか？　そうではなくて、タンゴの演奏

を、香港でやる、ドイツでやる、北欧のフィンランドに行く、オランダでやる、ということを普通にしていく。

　オランダやフィンランドでタンゴをやっている人は結構いることはいますよね。あの人たちもアメリカに行く、あるいは東ヨーロッパに行く、あるいは日本に来る、韓国に行く、でお客さんがちゃんと来て、レパートリーも、みんなが知らない曲だって、もっといい曲がいろいろあるじゃないですか。どこの世界でもある程度やっていることをもうちょっとできるようにしていきたいと思うんです。

　もちろん外国人としてタンゴをやっているコンプレックスっていうか、苦労を感じてきましたけれど。…逆にアルゼンチンの人を見ていて、可哀そうになる部分もあって、本場の人というのはこれだけ、本場の「観衆」というものにとらわれなきゃいけないんだな、ということを横で見ていてすごく思いますね。本場だからこそ、ある一定のやり方しか思い浮かばないっていうのかな…。その点、我々は外国人ですから、そこのところを打破していきたい。これは本場の人たちに任せきれない部分ですよね」*

「ブルックナー交響曲八番」に挑む
——ブルックナーの交響曲をやりますが、どういうことなんでしょうか
　「あれはもうただ単にやりたくてやる、というか」

——ブルックナー、好きなんですか

＊こういう思いで亮太は、2014年12月12日、生まれ育った北千住の「シアター一〇一〇」で、弟子の韓国人と台湾人のバンドネオン奏者を入れたコンサートを開催した。地元ということもあり亮太はことのほか気さくに聴衆に語りかけ、亮太がエンターテイナーとしてのサービス精神も充分にもっていると改めて認識した。それに先立って11月15日には「よみうり大手町ホール」で、ブルックナーの小松亮太編曲のバンドネオンによる『交響曲8番』のコンサートも行った。2014年10月7日、このインタビューを行った後に、この二つのコンサートは開催された。

「ブルックナー、好きなんです。ものすごく好き。一生に一回でいいから、この曲に触ってみたいなあと思ったんですけど、バンドネオンだから触りようがないわけです。それで自分でアレンジして演奏しようということになったわけです」*

——そういう亮太さんのチャレンジ精神というか、革命的な精神はどこから湧き出てくるのでしょうか

「革命的ではないですけど（笑）。ただタンゴとかバンドネオンと言ってもこれだけのネタがある、ということです。まだみんなが知らないネタというものがこれだけあるのだから少しでも多く見せていかないといけないのでは、ということです」

——北村聡さんなど若手のバンドネオン奏者はほとんど亮太さんの門下生というか、東京バンドネオン倶楽部にも重なっているわけですね

「そうですね。そもそも東京バンドネオン倶楽部が始まった時に、アマチュアの人を一生懸命教えるということをやり始めて、その後、プロで僕のところに習いたいという人たちがひとかたまり来ましたから。初めにアマチュアの人に教えるということを一生懸命やったことが僕の原動力になったというか自信になりましたね」

——これは最初から日本でタンゴを盛んにさせようという信念からですか

「そういうことですね。もっと言うと日本だけじゃなくて、タンゴをみんなに聴いてもらいたい、タンゴで新しいお客さんを開拓したいと言っ

---

*当日筆者も出かけた。演奏時間が80分を超すという大作を、バンドネオン奏者6人とオーケストラの奏者21人という大編成で演奏した。まさに精も根もすべてを出し切った渾身の演奏だった。タンゴの枠を超えた現代の音楽家としての亮太の存在を多くの人たちに明らかにさせた、といっていいコンサートだった。

た時に、僕は子どもの頃から見て思い知っているんですけど、結局、ピアノやヴァイオリンの人がいくら頑張っても、やっぱり限界があるんですね。タンゴのシンボルといえば、やはりバンドネオンですから、バンドネオンの人がオピニオン・リーダーにならざるを得ない。だからいくら優秀なヴァイオリンの人やタンゴのピアニストがいても、結局、バンドネオンの人がしっかりしていないとどうにもならない。

　逆に言えば、バンドネオン奏者が何人か出てくれば、その国のタンゴの普及はなんとかなっていくんです。ですから、まずはバンドネオンの優秀な人たちをひとかたまり育てなきゃしょうがないだろう、ということから始めたわけです。

　僕は若いころ寂しい思いをしていたということもありますが、バンドネオン奏者同士がいがみ合っていたりすると、タンゴは廃れていくのではないでしょうか」*

――そうですか

　「ひどいものでした、あの人たちの世代は…それを見ていて、タンゴがダメになったのはこれだ、と思いました。もし、バンドネオン奏者たちが、俺たちタンゴを広めたい、俺たち同士の損得勘定はどうでもいい、とにかく一生懸命やっていこう、とみんなで力を合わせて何かを突き動かしていたら、ここまでマイナーになるわけがない」

――そういう意味で亮太さんが「タンゴピアニストはクラシックあがりでジャズができる人でないとタンゴもできない」とどこかで言っていた。その点で日本のタンゴ界はジャンル分けしているとか、日本の音楽業界と音楽教育の仕組みが悪いと言っていましたね。

---

*マイナーな世界故にタンゴビジネスはとても狭い。仕事の取り合いなどもあり、亮太から見れば今でも、仲間たちが「いがみ合っていましたね。ひどいもんだった」と述懐するほどだったのだ。

「悪いというか、そこが難しい…タンゴにとっては悪い（笑）。全世界がそうですけど、音楽というのは、音楽を勉強するということは大概の人がクラシック系かジャズ系になるわけです。タンゴは、確かにその両方ができる人でないと本当に難しい音楽なんです。

クラシックだけの素養でも困る、ジャズだけの素養でも困る。クラシックもできてジャズも知っているピアニストでうまい人ですね。そういう人がタンゴの世界に入って来た時に、『ラ・クンパルシータ』の弾き方から教えて、10年経ってやっとタンゴのリズム感が身についてくる、そういう世界です。だから、非常に大変です。

僕が今言ったことは、実はアルゼンチンのラバジェンさんが連れてきたアベル・ロガンティーニというジャズ上がりのピアニストですけど、アルゼンチン人の彼でも「タンゴを弾くということは外国語をもう一つ習うこと」と同じくらい大変だと言っています。彼はジャズを一生懸命やってきて途中からタンゴの世界に入って来たので、タンゴの弾き方、タンゴの感覚を身につけるために費やしたエネルギーは、本当に外国語を一つ身につけるくらい大変な苦労だったと、アルゼンチン人自身がそう言っているんです。

一番驚いたのは、ラミーロ・ガジョというオルケスタ・アランケというバンドをやっていた人ですけれど、彼らが日本に来た時に、打ち上げで一緒にステーキ屋さんに行ったんです。食べ終わった後に彼らはギターを出して歌ったりして遊ぶわけなんですが、そういう時に歌うのはほとんどフォルクローレ（ラテンアメリカ諸国の民族音楽、大衆音楽）です。ということはアルゼンチンの人にとってもタンゴは、すごく身近なものというよりもちょっと距離感があるのです。

フォルクローレはその土地に根ざしたもの、ネイティブなものです。タンゴというのはアルゼンチンの人にとっても、ちょっと距離感があってわざわざ勉強してから入っていくものなんですね。タンゴはいわゆるラテン・ミュージックに分類されていますが、ラテン・ミュージックと

は全然違うわけです。

　当然ですけど、昔からアルゼンチンの巨匠といわれるヴァイオリニストやピアニストは、最初はクラシックをやって、そこからタンゴに来ましたという人ばかりでしょう。タンゴは、そういう音楽なんです。いきなりタンゴをめざして来るものじゃなくて、あの音楽も知っている、この音楽の経験もある、というマルチ・プレーヤー的にいろいろな音楽の知識もあり経験もある人が、初めて入門できる世界という難しさが昔からありますね」

タンゴは民族音楽ではない！

　「タンゴは非常に人工的で、昔のアルゼンチン人がわざわざ創った音楽ジャンルなんです。民族音楽ではないです。「自然発生的にみんなが酒の席で歌ったり踊ったりしていたものがタンゴになりました」というのではなくて、タンゴは、例えば最初ギターとフルートで演奏したものを、今度はヴァイオリンを入れてみたらどうか、ドイツのバンドネオンという楽器を入れてはどうか、とミュージシャンたちが研究しながら創って来た人工的な音楽ジャンルです。だから地元の人にとってもいきなり演奏できない。地元の人にとってもちょっと距離感があるというところですね」

──確かにタンゴの音楽はあのアルゼンチンの大地から離れている。とりわけピアソラの音楽はそう感じますね。「深夜のブエノスアイレスで聴くとピアソラはいい」と大岩祥浩（タンゴ解説家・故人）さんが言っていたそうですが
　「そう。まさしくそういう感じです」

──タンゴはマイナーと言われつつも、亮太さんの力もあって、多くの人たちに一定の影響力を与えている。モサリーニが言ったように、まさ

に日本の小松亮太ではなくて、「世界の小松亮太」と言われるようになったけど、これからどういうふうにやっていくつもりですか

「モサリーニの言葉には恐縮しました。そうですね。自分は日本人である、やっている音楽はアルゼンチンである。だから、アルゼンチンと日本という二元論ではなくて、第三国をものすごく巻き込んでいくべきだろうと思いますね。はっきりそう思ったのは 2013 年 12 月にコー・サンジ（亮太の弟子で韓国人の女性バンドネオン奏者）さんがソウルでコンサートをやりまして、視察がてら聴きに行ったんです。

彼女には「おいしいものを食べに行きたいから」と言って。韓国のコンサートはどんなものかなと思っていたらお客さんがバーッと入って来た。しかも昼夜公演で、200 人ぐらい入るライブハウスだった。昼も夜も満員。僕は座席に座らないで、ステージから一番離れた後ろから、どういうお客さんが来ているのかと見ていたら、本当に 20 代と 30 代の若い聴衆しかいない。そこで何がわかったかと言うと、やっぱり韓国にはタンゴブームが来たことがない。日本の昭和 30 年代のようなタンゴブームが一切なかった。おじさんおばさんたちはタンゴというものを全く知らない。タンゴを知っている人は若者だけということでした。

タンゴという音楽があってバンドネオンという楽器があるらしい、そういうものに興味を持ってコンサートに来ている人は若者だけで、40 代もいない。日本ともヨーロッパとも違う、アルゼンチンとも違う。僕ははっきり確認しましたね。

アルゼンチンで僕は何度もコンサートをやりましたが、やはり年配のお客さんが多いです、当たり前ですけど。たまに学生が聴きに来ているので話しかけたら、「僕たち、バンドネオンを勉強しているんです」と、身内みたいな若者たちです。一般のファンの人がチケットを買ってタンゴを聴きに来る場合、どうしてもタンゴブームが過去にあった国では、ブームがあったものだから、ある一定の世代の人たちが集まります。そのことで何が起きるかというと、コンサートの会場で、年配者が 80％、

90％を占めたら、若い人たちは会場に入りにくいですね。いろんな世代がいることが一番いいわけです」

今後は台湾や韓国を巻き込んでいく

　「2014年6月に久しぶりに台湾に行ってコンサートをやりましたが、とにかくお客さんが若い。めちゃくちゃに若い。それを見た時に、タンゴブームが来たことがない、ある意味でタンゴの知識が全然ないけれど、韓国や台湾に行ったら、タンゴに興味を持って来てくれる若くて新しいお客さんを一気にタンゴに振り向かせることができる。そう考えた時、韓国人や台湾人を巻き込んで、もちろん僕も含めてだけど、アルゼンチンのタンゴ・ミュージシャンから比べると、僕たちはみんなハンデキャップがあるわけですが、アルゼンチン以外の国のタンゴのレベルを上げて、アルゼンチンの人たちにも、「これは俺たちには出来ないな」と言わしめるぐらいのことを確立していけば、過去にタンゴブームがあったこととかと関係なく、新しいファンを開拓できると確信しましたね。

　ですからなるべく台湾や韓国に演奏しに行くというのではなく、こういう韓国や台湾のバンドネオン奏者が育つことによって、地元のタンゴシーンがレベルアップする。その人たちと私たちが一緒にやると、またレベルアップする、ということを繰り返して、ゆくゆくはヨーロッパへ行きたい。

　よくアルゼンチンで、ピアソラが亡くなったあたりから、もう新しいタンゴが生まれないのではとか、アルゼンチンにタンゴを聴きに行っても、半分ぐらいのライブハウスは観光客向けで、アメリカ人のお客さんが喜びそうなことだけやる、ルーティンワークで、流れ作業みたいな演奏というようなこともあるけれど、そうじゃない方向へ動いているタンゴの世界を創っていくためには、今までタンゴが無かった国で頑張っている人たちと手をつなぎ、協力してやっていくしか道はない、と僕は確信しているわけです。そういうわけで最近は、韓国人や台湾人とのお付

き合いがすごく増えてとても楽しいです」

——亮太さんは今、近藤久美子という名ヴァイオリン奏者を伴侶に持ち、お子さんも三人いる。芸術家というのは幸せになっちゃうとダメになることもあり、大丈夫かなと心配していたんですけど（笑）、今の話を聞けば心配はないなと思いますね（笑）
　「ハハハ…今のところ大丈夫です。音楽に飢えているから」

　ブルックナーの大作のコンサートを前にした多忙な中、1時間半ほどのインタビューを終えた。

妻・近藤久美子との関係
　2013年の『AERA』（1月14日号）「はたらく夫婦カンケイ」というコラムで亮太夫婦が登場している。亮太はそこで妻の近藤久美子について、「ミュージシャン同士は合わせ鏡のようにお互いがわかります。演奏家はエゴのかたまりですから、正直に言い合える関係は大事。彼女は80%は信じていても、20%の反対意見を言ってくれる。奥さんが僕を大ミュージシャンだと思うと伸びなくなるのでお互い気をつけています」と語り、対する近藤は、「一番自然体でいられて楽しい相手です。内向的なところ、好きな音楽も一緒ですね。笑いのツボは意表を突いてくれますけれど」と語っている。
　こういう二人を見ると、ますます今後の亮太が楽しみである。亮太の10年先、20年先の活動を想像すると、「タンゴの世界」「タンゴの世界地図」が大きく変化していることだろう。その時タンゴ音楽はアルゼンチンとか日本とかにとらわれず、また「タンゴ」という今までの枠を超えて、世界のファンに新たな音楽世界を見せてくれるだろうと思う。亮太のますますの活動ぶりを見守っていきたい。

第11章

世界へ 飛翔する 平田耕治

若きバンドネオン奏者の勇気ある孤高の軌跡

　「タンゴの第二の故郷、日本」といわれることがある。実情に合っているのか、本当のところはどうなのだろう。しかしともかく、アルゼンチン・タンゴは演奏だけでなく、踊りでも歌でも、以前より多くの日本人を惹きつけていることは確かなようだ。とりわけ近年は、踊る層が広がっている。一方、演奏者の分野ではバンドネオン奏者の層の厚さがひときわ目を見張る。

　ベテランの門奈紀生、京谷弘司、そして若手で大活躍する小松亮太。その亮太もすでに39歳に届くという年齢になり（本稿執筆時）、若者という枕詞も使いにくくなった。しかし、いま日本の若いバンドネオン奏者の多くが小松亮太に師事し、そこから優れたプレイヤーが輩出していることも事実だ。いわば「亮太山脈」が大きく突出しているように見える。

　そんな亮太山脈からまったく離れた所からでてきたバンドネオン奏者、それが平田耕治である。

13歳でバンドネオンに出会う

　平田耕治は1983年、横浜生まれ、今年（2013年）、30歳になる。いわばポルテーニョ（港っ子）である。3歳の時からピアノを習っていた。親が勧めたお稽古ごとの一つだ。しかし小学4年生の時、ピアノを止めてスポーツに熱中した。サッカーである。ところが6年生の時、怪我をしてしまった。大好きなサッカーを断念せざるを得ず、「どうしよう、どうしよう」と思っていた。

　ピアノをやっていたので、ピアニストになろうかと思いつつ悩み、相談に行った先が斎藤一臣氏のところだった。斎藤氏は横浜でグループを率いてタンゴを演奏する傍ら、マエストロのオスバルド・プグリエーセを訪ねてアルゼンチンに渡り演奏するなど、その活躍ぶりはなかなかのもの、ファンも多い。その傍ら、小学生を対象に学習塾を営んでいた。その生徒の一人が平田少年だった。平田少年はその塾で、算数と理科、国語を勉強していた。

　その塾にバンドネオンが置いてあった。「そういえば夕方、斎藤先生たちの仲間がバンドネオンを弾いて練習していた」のを少年は思い出した。「この楽器、なんか面白いなと思って、『いいですか』と言って触らしてもらったんです。そうしたら、その響きが、『心臓』が伝わってくる感じ。難しい楽器で変な楽器だ。ピアノも面白いけど、バンドネオンも面白いとその時思ったんです」

　この姿を見ていた斎藤先生は気軽に、「持って行っていいよ」とバンドネオンを貸してくれた。平田少年はその声を聞くと、「借りますッ！」と言って家に持ち帰り、バンドネオンの練習を始めたのが中学1年生、13歳の夏である。

　両親はそんなことは何も知らない。平田少年の部屋から変な音がするなと思っていたようだ。そうして何ヶ月か経った頃、斎藤先生から、今度コンサートをするから出ないかと言われた。「そんなに弾けないですよと斎藤先生に言ったけど、『やれって』言われて。リズムだけ刻めるよう

にコードネームを勉強して、和音をパッパッと掴むのを勉強して練習したんです」

恐るべし、13歳の少年だ。

16歳、単身ブエノスアイレスへ

ちょうど高校に進学する少し前に平田少年は悩んだ。バンドネオンを続けるかどうか斎藤先生に尋ねた。「このまま日本でやっていても、うまくなれない気がする。やるからにはタンゴの本質を学びたい」と言ったのだ。

斎藤先生の答は「それじゃアルゼンチンへ行け！」だった。

16歳の時である。アルゼンチンへ行く手はずを斎藤先生は教えてくれた。アルゼンチンにいた鍛冶敬三氏に話をしてくれたのだ。鍛冶氏はフロリンド・サッソーネ楽団のメンバーだったこともあるブエノスアイレス在住のバンドネオン奏者である。

高校一年生の夏休み、空港に着くと鍛冶氏が出迎えてくれ、そのまま真っすぐ、フアン・ダリエンソ楽団のリードバンドネオン兼アレンジを担当していたカルロス・ラサリのところに放り込まれた。

カルロス・ラサリは、バンドネオンの名匠ペドロ・マフィア率いるオルケスタでデビュー後、ミゲル・カローやフランシスコ・カナロなどの楽団を経て、フアン・ダリエンソのオルケスタに入団したバンドネオン奏者である。1925年生まれというから当時、73、4歳ではなかったろうか。

平田耕治、初めてのブエノスアイレス体験である。英語を勉強していたといっても初めての南米だ。本人はもちろんだが、少年を一人海外にやるという両親も不安はなかったのだろうか。

父親は町の獣医師だ。父親にとってタンゴは、「わからない世界だから、なにもアドバイスはできない。バンドネオンなんかやってもつぶしが利かないから、よくよく考えろ。それで食っていく覚悟があるならやればいい」。父親はそう言ってくれた。

演奏する平田耕治

「この子にしてこの親あり」と思う。近頃の親離れや子離れができない家族状況を考えると、なんともさわやかな感じだ。

音楽は心を癒し、病を治す

このまま真っすぐバンドネオンの世界に入るについては、もちろん、口で言う以上に平田少年にも葛藤があったはずである。しかしタンゴの世界に入ることを後押したのは、こんな体験も影響していた。

中学三年生で、バンドネオンを演奏していた時である。お義理で会場に来たような人がいた。まるで聴く気もなさそうなのだ。ところがその人は演奏を聴くと、涙を浮かべ、終了後はとても喜んでくれた。そういう体験があったので、「音楽は、やり甲斐のあるものかもしれない」と平田は思った。

実はその頃、父のように医者になろうかとも考えていた。平田の場合は父と違って外科医が志望だったが、進路について少し揺れていた時の、そんな体験だった。

それからもう少し後になるが、こんなこともあった。

ギター奏者である河内敏昭氏と二人で演奏に行った時である。すでに音楽大学の学生だったが、横浜のある中華料理店で、かつて戦争中に中国に派遣された産婦人科医の人たちの集まりでの演奏だった。そのパーティーに茨城のお医者さんが奥さんに伴われて出席していた。ボケていて、何もわからない様子だった。ところが翌日、奥さんから電話があった。その人は帰宅した後、急に本棚を整理し始めたと言うのだ。次に平田の

演奏会があったら、ぜひ聴きに行きたいと言うのだ。次はたまたま静岡での演奏会だったが来てくれた。

「アルツハイマー病などを治せる力が音楽にはあるのだと思いました。音楽には癒せるものがあるのだ」と、平田はバンドネオンの演奏に改めてやり甲斐を見出したのだ。平田耕治、21、22歳の時の体験である。

ラサリ、マルコーニに教わる

高校時代は毎年夏休みにはブエノスアイレスに行き、ラサリに教わった。ラサリは細かく言うこともなく、平田が弾くのを聴いて、「ここはこういう感じがいいのでは」か、「うんうん、いいよ」と言った感じで示唆し、バンドネオンを自ら弾いて教えるようなタイプではなかった。

しかし2年目から、ラサリに教わる一方、師事したネストル・マルコーニは違っていた。マルコーニは1942年生まれ。フィルベルト・アルゼンチン国立管弦楽団の常任指揮者で、2008年からはブエノスアイレス市立タンゴ楽団の指揮を担当し、何度も来日している。現代タンゴ界最高峰の人気あるバンドネオン奏者である。

マルコーニは、ここはこう弾いたらどうかと具体的にバンドネオンを弾いてお手本を見せてくれた。二人のそれぞれの個性や人柄が表れた教え方だ。平田にとって二人は大切なお師匠さんである。とは言え、そこはラテンの人たちである。気難しいこともなく、平田にとってラサリは「いいおじさん」、マルコーニは「いいお兄さん」という感じだ。

独学で学んできた平田にとってラサリとマルコーニの指導のお陰で、バンドネオンを始めた当初からの悪い癖も直り、メキメキ上達した。

音楽大学からブエノスアイレスのステージへ

高校を出てどうするか。そのままアルゼンチンへ行ってみようという考えもあった。が、父親は「音楽大学に入学できたら、授業料ぐらいは出してやるよ」と言ってくれた。「それはありがたい」と受験勉強に集中

し、洗足学園音楽大学に入学した。大学では音響デザイン科に進学し作曲を学んだ。大学時代も3回ほどアルゼンチンに行き、ラサリやマルコーニの指導を受けていた。

　そのうちの1回は、斎藤一臣氏がアルゼンチン政府から招かれてアルゼンチンに行くという話が持ち上がり、斎藤氏に誘われて出かけたものである。斎藤氏らとの演奏活動を終えた後はひとり、ブエノスアイレスに3週間ほど残って過ごした。

　一方、大学の3、4年の時は、ダリエンソ・スタイルの西塔祐三氏に師事していたが、卒業後はアルゼンチンへ行こうと考えていたので西塔氏にその旨を伝え、西塔氏のオルケスタから離れた。平田は独り、歩む道を選んだ。

　大学卒業後は1年間プロ活動をした。しかし、思ったほど楽しくはない。「このまま日本で仕事として演奏していては、アルゼンチンに行きたいと思っていても行けなくなってしまう。それもいやだな」との思いがつのり、意を決してブエノスアイレスへと向かった。

「ラ・ベンターナ」での6ヶ月

　ブエノスアイレスに着けば、運よくラサリから「うちで弾かないか」と誘いが来た。ラサリに雇ってもらった形だ。最初の1週間ぐらいは試用期間ということで「ただで弾いていた」という。ところが、店のオーナーが「おまえは譜面も見ずに、客席の方を向いて音もバリバリ出しているから、ちゃんと給料を出してやる」と言ってくれたのだ。

　その店こそ、「ラ・ベンターナ」（La Ventana）である。ブエノスアイレス屈指のタンゴショーを売り物とする格式高いレストラン、タンゲリーアだ。観光の名所としても有名で、1階と地下1階で、日によって2ステージ、時には3ステージも演奏したこともある。ステージが1回だけの時は夜の10時からだ。いわばアルゼンチンの文化であるタンゴを、ひのき舞台で日本人が弾くのだ。喩えて言えば、歌舞伎座で青い目の西洋人が

歌舞伎を演じるようなものなのかもしれない。

　平田はこの「ラ・ベンターナ」でラサリ楽団の一員として6ヶ月働いた。「面白かったですね。すごくいい経験でした」。日本から遊びに来ている日本人に、「ちょっと弾かせてやるよ」という感じではない。ちゃんと給料をもらって演奏をするのだ。正規にプロとして弾かせてくれたことに平田は自信を持った。確かにそれは誰もがなかなか体験できないことである。

　高校1年から武者修行のようにアルゼンチンへ行き、その後も回数にすると、9回ぐらい往来を続け、本場で鍛えられた。ブエノスアイレスでの滞在期間も延べにすると3年半ほどになる。

タンゴから見えてきた日本とは…

　アルゼンチンと日本、タンゴに関して何か違いはないだろうか。そんな質問を平田にぶつけてみた。

　「日本とは違ってアルゼンチンでは、タンゴが文化として根付いている感じですね。ブエノスの街の全員がタンゴ好きじゃないですが、街の石畳にタンゴが染み付いている。そんな感じですね。（バンドネオンが入った）バッグを担いで歩いていると、この街はタンゴの街だと思いますね。アルゼンチンと日本、どっちが故郷なのかと思うと、向こうの方が故郷だと感じる時もあるんです。『人との絆』ができている感じです」という答えが返ってきた。

　「もちろん日本も良い所ですが向こうの方が楽しい感じです。あったかい、ハートフルな感じの人がたくさんいる感じですね」

　平田はいま、アルゼンチンでギタリスト二人、コントラバス、ボーカル、それに自身のバンドネオンの五人編成で「CAMBA tango」（カンバタンゴ）というネーミングで、ブエノスアイレスで楽団を組んでいる。

　「『ラ・ベンターナ』で譜面なしでバンバン弾いていたから、ダリエンソ・スタイルの演奏は大丈夫、ちょっとラサリスタイルだけど。『カンバ

タンゴ』楽団の編成は昔のタンゴの組み合わせです。1920年代30年代の、ギターとバンドネオンに歌が入り、低音を支えるためにベースが入るっていう感じ。本当に特殊形態ですね。フルートやピアノがない頃、最初にバンドネオンがタンゴに入ったころの形態です」と言う。

平田が表現したいのは、この「カンバタンゴ」なのか。

「今の僕の世界を思いきり表現できるのは、現在の日本でやっているスタイルです。ピアノ、ヴァイオリン、コントラバス、バンドネオン、それにたまに別の楽器が入る。「カンバタンゴ」は哀愁漂う「わび、さび」の世界がある楽団だと思います。ブエノスアイレスの「カンバタンゴ」も日本のグループも、どちらも大切にしていきたい」と言う平田だ。

ボクはタンゴマニアにはならない！

好きな演奏家について聞いた。師匠のラサリ、マルコーニはもちろん、ピアソラも好きだと言う平田だが、「アルフレド・ゴビのスタイルもいいですね。ピアノではグレン・グールド。チェロではヨーヨー・マも悪くはないが、絶対ジャックリーヌ・デュ・プレ」だと言う。

アルフレド・ゴビは、1912年生まれ。「42年オルケスタを結成し、自らの優美なヴァイオリン技法を全面に置いた新鮮なスタイルでデビューした」（大岩祥浩著『アルゼンチン・タンゴ─アーティストとそのレコード』）ヴァイオリン奏者だ。

クラシックの演奏家の名前もぼんぼん出てくる。グレン・グールドといえば、J・S・バッハの『ゴールドベルク変奏曲』の演奏で名高い孤高のピアニストだ。ジャックリーヌ・デュ・プレは16歳で衝撃的なデビューを行い、ダニエル・バレンボイムと結婚したが、難病で惜しくも1973年、42歳で亡くなっている。

筆者（大類）も好きなダニエル・バレンボイムについて話していたら、「バレンボイムは、タンゴよりクラシックの方がいいな（笑）バレンボイムの『熱情』（ベートーヴェンのピアノ・ソナタ）なんか好きだな」と答

えが返ってきた。

　ダニエル・バレンボイムはブエノスアイレス出身、ピアニストとして世に出たが、今では指揮者としても世界的に活躍している大マエストロだ。9歳までブエノスアイレスで育っただけにタンゴも大好きだ。そのバレンボイムが、かつてブエノスアイレスでタンゴのコンサートを開いたが、平田はたまたまそれを聴く機会に恵まれた。ロドルフォ・メデーロスのバンドネオン、エクトル・コンソーレのコントラバス、バレンボイムのピアノだ。ガルデルやピアソラの作品を演奏し、そのCDを完成させたお披露目のコンサートだった。

　「ボクは、クラシックも好き。ピアニストのホロヴィッツ、作曲家で好きなのは多いけど、バッハ、プロコフィエフ（ピアニストでもある）なんかも好きですね。タンゴだとエンリケ・デルフィーノ（ピアニスト）、『ミロンギータ』を作曲した人です。タンゴは穏やかな曲が好きですね。『マリポシータ』とか好きなんで。歌手ではフリオ・ソーサとゴジェネチェ。ゴジェネチェは、よれよれになってからの彼が好き。語りかけるように唄う彼が好きですね。ジャズではビル・エヴァンズですね」

　ビル・エヴァンズは考えられる限りのあらゆる編成でアルバムを残したピアニストだ。平田はことほどさように、他のジャンルの音楽も楽しんでいる。「ただのタンゴマニアには絶対なりたくないし、ならないと思う」と言うだけのことはある。

世界へ羽ばたく平田耕治

　平田はすでにプロになってほぼ19年になる（本稿執筆時）。昨今のタンゴの隆盛をどう見るか。

　「アルゼンチンから見ると、日本のタンゴは成り立ちが違いますね。日本のタンゴの世界はもっと開放的になればいいと思います。ブエノスアイレスは小さい街でミュージシャン仲間がすぐ集まる。ところが東京は広いということもあるのでしょうが、顔を合わせる機会もない。本当は

もっと集まればいいと思うんだけど、なかなか難しいのかな」と平田は言う。

　平田はそれこそ、日本のタンゴ世界の状況など知らずに、いわば「勝手に」バンドネオンを始めた数少ない若手演奏家なのだ。

　「日本は狭いマーケットということもあるんでしょうが、広がりが少なく閉鎖的で残念です。メディアなども、もっと視野を広くして見てくれると嬉しいですね」

　彼の率直な物言いはともすれば、その場の“空気”を大切にする日本の風土から浮いてしまいかねないところもある。「和を大切に」という言葉で、それぞれの個性を殺しかねない日本の精神状況の中で、平田の個性が今後どう生きていくか、楽しみでもある。

　孤高の若きバンドネオン奏者は、これからどう生きていくのか。

　「もっと世界に向かってどんどんやりたいですね。今までは偶然運に恵まれ、フランス、イタリア、ポルトガル、シンガポール、タイ、韓国、ウルグアイなどへ演奏に行っていますが、もっといろいろな所へ行きたい。日本国内も全部は行ってませんからね。まだタンゴを聞く機会もない人に聴いてもらいたい。タンゴを通して『愛情と安らぎ』、『祈り』を伝えられたらいいなと思います。今の世の人々は、いろいろ思うようにならないことを抱えているけど、でもがんばって生きている。ボクは自分が演奏している時に『祈り』を感じるんですね。バンドネオンはもともとパイプオルガンの代わりのように（神から）『賜った』わけで、バンドネオンって宗教音楽の楽器としての価値があると思うんです。実際、演奏していると『祈り』を感じるんです」

　事実、筆者のタンゴ仲間のある女性は、平田が弾くバンドネオンに涙を流したと言う。その時、平田が弾いた曲はピアソラの『オブリビオン』（Oblivion）だった。彼女の友人にも平田の音色に涙する人がいると言う。平田の「祈り」が確かに心に響くのだろう。

心にしみわたるバンドネオン

　平田は、日本のタンゴ風土が閉鎖的だと感じているが、だからと言ってブエノスアイレスを拠点に活動する気はない。あくまでも日本を拠点にしたいという考えだ。今年の９月、アルゼンチンから「カンバタンゴ」のメンバーを日本へ呼ぶ平田、日本で３度目の公演だ。前回の公演では、どの会場もことごとく満席だった。「日本の呼び屋さんって、外人が入らないとダメだと言うんです。それが残念ですね。タンゴは確かに向こうの文化ですからね。わからないでもないですが…」

　昨年の９月、ポルトガルの首都リスボンで、「フェスタ・デ・アバンテ」というイベントがあった。大きい会場で７万人も入るコンサートだ。ロックやジャズ、タンゴのグループが世界各地から呼ばれた。タンゴでは平田たちの「カンバタンゴ」も呼ばれた。「カンバタンゴ」はリスボンの関係者には知られていたのだ。日程は３日間だ。三日券で入場する人も一日券で入る人もいたというこの会場で「カンバタンゴ」は演奏した。演奏が終わった直後、歓声が地鳴りのように響いたという。

　そうして2012年11月４日、東京競馬場での「アルゼンチン共和国杯」（アルゼンチン・カップ杯）という重賞レースで、アルゼンチン大使館から、タンゴを演奏してくれという依頼が飛び込んできた。当日、８万人が入る競馬場での重賞レースが終わった４時半、パドックで、ヴァイオリン、コントラバス、キーボードを率いた平田は、オリジナル曲の「タンゴロイド組曲第一楽章『始動』」を演奏した。

　熱いレースに酔った競馬ファンは、レース終了後もパドックに集まり、平田のタンゴを聴いた。平田たちの演奏で、２組のアルゼンチンのプロダンサーがタンゴを踊り、アンコール曲を含めて、平田は３曲タンゴを演奏した。

　夕闇迫る東京競馬場にタンゴの音色がしっとりと流れた。

　この競馬場には行かなかったが、そのあと東京で行われた平田が参加

した二つのコンサートに筆者も出かけた。その一つが2012年12月2日、東京文化会館小ホールでの東京音楽コンクール入賞者リサイタル、「吉田誠　クラリネット・インフィニティ」である。平田は初めてクラリネット奏者と共演できたと喜びを率直に表した。

　そして12月11日には、「ミュゼットとタンゴの出逢い」という銀座ヤマハホールでのコンサートだ。当代一の人気実力者のアコルディオン奏者、桑山哲也との共演である。このコンサートを構成・演出した音楽評論家の高橋正人には、筆者もその批評力の高さで畏敬の念を常に持っているが、プログラムに、「（平田は）ロカ、プニャラーダなどの古典もバリバリに弾く」と書いた後で、こんな文章を続けている。少々長くなるが紹介しよう。

　「ピアソラの作品をクラシックやジャズの音楽家たちと探求し、さらに自分のオリジナル作品をその世界から抜け出して意欲的に生み出すことで、きわめてストイックにそして謙虚に研鑽を続けている。ただ譜面を正確に弾くということではなく、彼が弾くバンドネオンの音色はいつもエロチシズムを包含し、また私たち聴衆の心の中に切り込む刃さえも感じるのだ。彼が今までの『テクニックはあるが心は足りない』と言われた日本人奏者と一線を画す所以である」。

　この時のコンサートは、桑山にとってはCD「サン・ジェルマン・デュプレの出逢い」、平田にとってはCD「悪魔のロマンス」リリース記念コンサートでもあった。

　平田のCDはピアソラ作品だけでなく、ジュリオ・カッチーニの『アヴェ・マリア』など16曲が収録されているが、じっくりとこのCDを聴けば、高橋正人の言葉が実感ももって迫ってくるだろう。

　アコルディオン奏者との共演も初めてだという平田は今後も、さまざまなジャンルの音楽家と共演をし、絶えずチャレンジを試みることだろう。

　「多くの方のお世話になり、今のところ奇跡的に音楽で食べている（笑）」と言う平田耕治の未来に祝福あれ！

第12章

タンゴダンス人生を
駆けるミキ・カワシマ

ブエノスから16年ぶりに一時帰国したミキ・カワシマに聞く

　タンゴのいわゆる踊りの場であるミロンガは現在、東京都内だけでいえば、毎晩いつでもどこかで踊ることができるほど多い。ところが私がタンゴダンスを始めた1995年ごろは、ミロンガといっても週に一度あるかどうか。その場所も3か所ほどしかなく、いわばタンゴダンスの「草創期」だった。しかも当時の日本では、ステージで披露されるショーダンスと、サロンでゆったりと踊るサロンダンスの差異についての認識もほとんどない。そのような中、ミキさん(以下敬称略)こと河島美樹は、パートナーであったフリオ・アルテスとともにサロンで踊るタンゴダンスを教えていた。

　日本のサロン・タンゴダンスの先駆者であるミキは今から16年ほど前(1999年頃)、パートナーのフリオとともに日本を去り、ブエノスアイレスに滞在していたが、この2015年の2月、16年ぶりに一時帰国した。

　ミキは5歳からピアノとクラシックバレエをやっていたがバレエの方

を気に入り、19歳の時にベルギーに飛んだ。モーリス・ベジャールの学校があったのだ。今は亡きベジャールはマルセイユ生まれのバレエの世界的な振付家である。

ミキはこう語る。「私はベジャールファンで、ベジャールのところで勉強したいと思い、下見に行きました。本人にも会い学校も下見したけど、ベルギーの気候が健康的でないことと、フランス語を知らないこともあり、諦めて日本に帰ってきました。でもベルギーで初めてタンゴを聴いたんです。ベジャールの作品『我々のファウスト』という題名のバレエで、音楽はアルゼンチンタンゴとバッハのミサ曲を両方コンビネーションして使っていた。そこで聴いたアルゼンチン・タンゴの音に胸を打たれてしまったんです」

1984年、タンゴとの出会いである。

それからのミキはタンゴ音楽に熱中したものの、タンゴダンスの存在は知らなかった。が、1987年にタンゴアルヘンティーノが初来日。公演を観て感動、アルゼンチンでダンス修業を終えた小林太平の教室に入り、すぐ才能を発揮、2ヶ月ぐらいでアシスタントになった。その後、世界一周の旅に出る。インドでは古典舞踊のカタックダンスなどもやり、またネパール、タイ、ヨーロッパなどを回り、ニューヨークに行き、アルゼンチンへ向かった。

「ブエノスではクラスをはじめミロンガに通いタンゴ三昧の生活でしたが、特にミロンガにおけるサロンダンスにはまって自分の道を決めましたね。他のダンスはやめてタンゴだけにしようと思いました」

当時のミキはまだ23歳である。「ピアソラにも会ったしプグリエーセにも会えたし、幸運だったと思います。その頃はダンスの素晴らしい先生たちも元気でしたね」

ここでウルグアイ出身のフリオと出会い結婚。ホテルでのショー出演やタンゴダンスをフリオと一緒に教えるようになった。オマール・バレンテ楽団の舞台では、ゲストにアントニオ・アグリなどがいた。ガルデ

ルの研究家だった加年松城至（故人）
から「日本人としてプロの舞台に立っ
たのは貴女が初めてですよ」と言われ
たのもそんな時だった。

　そしてミキは、1992年ごろから
日本でフリオとともにタンゴのサロン
ダンスを教えるようになったのであ
る。その後は前述のように日本を去り、
ブエノスに滞在することになったが、
フリオとは公私ともにパートナーを解
消した。

「私がブエノスに行った頃は良かっ
たですね。今タンゴ人口は増えたけど
ダンサーの個性がない。ブエノスでも
日本同様に、聴く人と踊る人たちが分
かれていますが、聴く人口の方が多い
ですね」

パートナーを組んでいたフリオと踊る
ミキ・カワシマ（撮影：山本正樹）

　過日、タンゴミュージカル『シャンテクレール』を見た折り、そのプ
ログラムに、主演したモーラ・ゴドイがクラシックバレエからタンゴに
移る時の感想を記していた。そこには、タンゴを見下ろすような、タン
ゴを踊ることに抵抗があったようなニュアンスがあったことを話すと、
ミキはこう言うのだった。

「タンゴの踊りをやっている人たちの層は、昔から社会的に下層階級出
身の人が多いんです。最近は幅が広くなり外国人も増えてきましたが、
タンゴにしか興味をもたない、つまり教養の狭い人が多い。だからタン
ゴ界は下に見られがちなんです。でもゴドイは、時の波に乗っている感じ。

タンゴの精神性はないと思う」と批判的だ。

　彼女は今49歳（本稿執筆時）、「ダンスは奥深く、今だからできる踊りがあると思うので、これからもダンスは続けます。当分は子育てが第一。でも時々、日本に帰りたいと思います。今回の一時帰国の際、ケンジ＆リリアナの協力で2週間ほど講習会をさせていただきましたが、みなさんステップにとどまらず、身体表現の工夫、オーガニックな動き、身体と内面とのコミュニケーションなど、様々な視点からタンゴにチャレンジしていて、お互いにいい経験になりましたね。ある意味で教える意義を確認しました」

　オーガニックな動きとは、ミキによれば「身体への意識を広げることによって見い出す自然な流れにのった動き」をいうようだ。

　2年前からアメリカ企業で仕事をする傍ら、週末の土日はレッスンや時には俳優として映画にも出る。日本人や韓国人や中国人の役として今までに10本ほどの映画にも出演しているという。

　長年のブエノス体験を踏まえて、時に日本で新しいタンゴダンスの息吹きをもたらしてほしいと思うのは私だけではないだろう。

第13章

ある日の小さなコンサートで

第96回東京リンコン・デ・タンゴで
（2018年1月23日 原宿「クリスティー」にて）

演歌のモランか、オペラのマシエルか

　貧乏暇なし、いろいろな仕事が重なり、このところ東京リンコンにもご無沙汰続きだった。しかし今回のプログラムを見れば、第一部が齋藤冨士郎さんの「演歌のモランか？　オペラのマシエルか？」。第二部は宮本政樹さんの「今一度見直そう古き佳き時代の古典タンゴ」である。これは行かねばならない。うまい具合に時間が取れた。ごめん！　第三部のKaZZmaさん、二人のギター奏者も良かった！

　1月23日、前日の東京は大雪である。リンコン当日は雪が止んだとはいえ、足元が心もとない。案の定というか、参加者は18名といつもの半分以下だった。が、内容はとても充実していた。

　中村尚文さんの司会進行で始まった第一部、齋藤さんの「演歌のモランか？　オペラのマシエルか？」というタイトルもユニーク、発想も面白い。アルベルト・モランとホルヘ・マシエル、どちらもオスバルド・プグリエーセ楽団での歌いっぷりには熱烈なファンがいる。その歌いっ

ぷりを、モランは演歌の歌い手に、マシエルはオペラ歌手に喩えて、妙<ruby>妙<rt>たえ</rt></ruby>なる表現である。曲は以下の通り。

1. MENTIRA（偽り）歌：モラン
2. REMEMBRANZA（追憶）歌：マシエル
3. PASIONAL（情熱）歌：モラン
4. SILENCIO（静けさ）歌：マシエル
5. NO QUIERO PERDERTE（君を失いたくない）歌：モラン
6. AHORA NO ME CONOSES（もうお見限りね）歌：マシエル

　2番目の曲は、A. ゴビ楽団、6番目の曲は、セステート・タンゴ楽団だが、あとは全部プグリエーセ楽団による演奏である。

　改めて両歌手を聞き比べると、確かにマシエルの歌いっぷりはタンゴなど見向きもしないオペラファンをもうならせるほどの歌唱力である。しかし、タンゴという視点から見たらどうか。人生の哀しみや恨みを切々

齊藤冨士郎

と歌うタンゴはやはり、マシエルのようなやや高音の声より、モランのように情感深く、聴く者の肺腑に迫る歌い方がタンゴらしいと思う。しかしこれはそれぞれ、聴く方々の好みであろう。

古き佳き時代の古典タンゴを！
　第二部、宮本政樹さんが選んだ曲名は以下の通りである。

1. VIEJO CIEGO（盲目の老人）フランシスコ・カナロ楽団、歌：チャルロ
2. VAMOS CHE（さあ行こう）オスバルド・

フレセド楽団、歌：アントニオ・プグリオーネ

3. LA VICTROLERA（レコード係りの女）オルケスタ・ティピカ・ビクトル、歌：ビセンテ・クリセラ

4. ORGIAS DE AMOR（愛の饗宴）ホセ・ボール楽団

5. MADRE SANTA（聖なる母）アントニオ・ボナベナ楽団

6. MENTIRA（偽り）　歌：アルベルト・ビラ（ギター伴奏）

7. PARA TI MADRE（母さん、あなたのために）歌：アダ・ファルコン、演奏：フランシスコ・カナロ

8. UNA NOCHE EN LA MILONGA（ミロンガの一夜）ロベルト・フィルポ楽団

　古典タンゴの良さ、いやタンゴそのものの持つ魅力をたっぷりと味わうことができた8曲である。私のような素人が下手に解説するより、当日配布された宮本さんの文章の一端を読んでいただいた方がより理解が深まるだろう。

　「1920年代後半から1930年代にかけての、いわゆる第1期タンゴ黄金時代と言われる時期は、明らかに他の時代とは異なるしみじみとした情感と心に染み渡るセンティミエントがあります。人間の悲しみや苦しみを表現するヴァイオリンの泣きのオブリガード、重厚で適格なバンドネオンの音色とバリエーション、哀愁をしみじみと語りかける唄、素朴で明快な旋律に沿った各楽器のバランスの取れたアンサンブル。古典タンゴの時代にはその時代にしか生まれ得なかったタンゴがあります」。まさに、この言葉の通りである。

宮本政樹

KaZZma と福島久雄、田中庸介、二人のギター奏者

　今や日本を代表するタンゴ歌手・KaZZma と、二人のギター奏者を加えたギタートリオのライブ演奏である。KaZZma が歌だけでなくギター奏者としてもなかなかのものであることが、今回恥ずかしながらわかった次第である。

1. El Amanecer（夜明け）
2. Mi noche triste（わが悲しみの夜）
3. Cualquier cosa（たとえなんでも）
4. Palomita blanca（白い小鳩）
5. Barrio de tango（タンゴの街）
6. Che papusa oí（ちょっと、おネエちゃん、お聞き）

　まず、初めの「夜明け」（ロベルト・フィルポ作曲）を 3 人で演奏する。見事なアンサンブルだ。2 番と 3 番目の曲は、KaZZma が二人のギター演奏で歌う。福島、田中の二人のギター奏者も聞かせる。3 人のライブ風景はこじんまりした「クリスティー」の中で絵になるようなシーンだ。オトラ！ の声で以下、Luna tucumana、Canzoneta、La cumparsita の 3 曲が演奏された。大いにタンゴを楽しんだ一夜だった。

第14章

ダニエル・バレンボイムとタンゴ

〜「アイデンティティは一つではない」〜
ユダヤ人を超えて世界市民として

　私はダニエル・バレンボイムの大ファンである。その理由は幾つかある。一つは、彼が「タンゴの都」ともいうべきブエノスアイレスで生まれ育ち、体の中からタンゴに親しみ、不世出のタンゴ歌手であり作曲家でもあったカルロス・ガルデルと、バンドネオン奏者であり、前衛的なタンゴの作曲家であり、多くの優れたクラシック音楽家にも影響を与えたアストル・ピアソラに畏敬の念を持ち、彼らの作品の故郷であるブエノスアイレスで演奏し、CD作品も残しているからである。

　そしてもう一つは、彼が現在イスラエル国籍であるにも関わらず、イスラエル政府のパレスチナ政策に批判的であり、イスラエルとパレスチナとの共存を目指すべく、アメリカ在住の思想家でパレスチナ人であるエドワード・W・サイードと協力して、イスラエルとアラブ諸国の若者を集めてウェスト＝イースタン・ディヴァンというオーケストラを1999年に創設するなどの音楽活動を行っているからである。それだけでなく、私が信奉し、今こそ多くの人たちに知ってもらいたい「人類人主義」と

ダニエル・バレンボイム

いう考えに根底において共感していると思うからである。

「我々は人類の一員である」

　人類人主義とは、世界共通語を創り出したユダヤ人のルドヴィーコ・ラザロ・ザメンホフの「我々は人類の一員である」という考え方、思想である。それは、「私は日本人である」「私は中国人である」「私はアメリカ人である」といった所属する国家や民族の一員として自己を規定するのではなく、この世の地球上の大地に生きるひとり一人の個人を出発点として世界を考え、人類の一員として発想し行動する思想と言っていいだろう。

　更に加えるならバレンボイムは、イスラエルではタブーとも言うべきリヒャルト・ワーグナーの作品を演奏する反骨精神の持ち主なのだ。私の手元には、1994年にシカゴ交響楽団を指揮して録音したワーグナーの管弦楽名曲集というCDがあるが、周知のようにナチスのヒトラーはワーグナーの音楽を愛し、事あるごとにワーグナーの作品がナチス・ドイツでは演奏されていた。ヒトラーに迫害されていたユダヤ人たちにとってワーグナーの作品は地獄へ誘う音楽だったのだ。

ロシア系ユダヤ人として人生を歩む

　今やダニエル・バレンボイムと言えば、とりわけクラシックファンでなくとも、名前ぐらいは知っている人も多いことだろう。新年恒例の

ウィーンでのニューイヤー・コンサートは、全世界に向かってテレビ中継されるほどの音楽イベントだが、今年（2022年）の指揮者がバレンボイムだった。過去に二度ほどこのコンサートの指揮をしているが、いつも「来年は誰が指揮するのか」と常に話題になるほどのコンサートの指揮者に選ばれ、世界を舞台に大活躍するバレンボイムなのである。

　バレンボイムの祖父母は4人ともロシア系のユダヤ人として今世紀の初めにロシアからアルゼンチンに移住した。当時、ロシアではポグロムと呼ばれるユダヤ人への残虐な迫害が繰り返されていた。

　バレンボイムは、こう書いている。「私は、人生の最初の9年間をアルゼンチンで、アルゼンチンだけで過ごした。それ以外の国はまるで遠い世界でしかなかった。アルゼンチンのすべてが、私の心のすぐそばにあった。コスモポリタン的な存在とか国際的な考えなんていう概念は、まだ持ち合わせていなかった。私の呼吸していた空気がブエノスアイレスであり、話す言葉がブエノスなまりのスペイン語であり、踊るリズムが（象徴的に言えば）タンゴであった。カルロス・ガルデルが私のアイドルだった」（CD『わが懐かしのブエノスアイレス～ピアソラ＆ガルデルに捧ぐ』に記されたライナーノーツより）

　カルロス・ガルデルは映画にも出演し、アルゼンチンの多くの女性から愛された大スターだった。その名声は今なお高く、彼の歌は今日までも多くの人々によって愛されている。

イスラエルへ移住

　5歳でピアノを始めたバレンボイムは、その才能をいかんなく発揮し、7歳でデビューし、その後、指揮者であるフルトヴェングラーにその才能を見出されている。

　バレンボイムの両親は1948年にイスラエルが建国されると、イスラエルに移住した。移住の動機はとりわけ反ユダヤ主義とは関係がなく、差別されていたわけではなかったが、父親はただ少数派でいることに違和

感を持っていたようで、イスラエルに住めばその感情は消滅すると「祖国」へ移住したのだった。

　1954年夏、両親に連れられ、ザルツブルクでイーゴリ・マルケヴィッチの指揮法のマスタークラスに参加し、また名指揮者として名高いフルトヴェングラーに「天才だ！」と言われたというエピソードもある。そして1955年には、パリでナディア・ブーランジェから音楽理論と指揮を学んでいる。実はこの時期、クラシックの作曲家を目指していたアストル・ピアソラもパリでナディア・ブーランジェから教えを受けていたのだが、二人が出会ったという記録はない。もし出会ってお互いに親しくなっていたら、二人の音楽人生はどうなっていただろうか、と夢想することも楽しい。

『バレンボイム音楽論　対話と共存のフーガ』ダニエル・バレンボイム 著／蓑田洋子 訳（アルテスパブリッシング）

帰郷してタンゴを演奏しCDを創る

　バレンボイムは、アメリカではジャズとクラシックは別のものだが、ブエノスアイレスの人々にあっては、タンゴもクラシックもただ音楽であると語っているほど、タンゴは身近なものだった。そして1995年10月、ブエノスアイレスに帰郷し、タンゴ・コンサートを開催し、タンゴのCDを創ったのだった。

　前出のライナーノーツの後半はこんな言葉で綴られている。

　「ほぼ半世紀を経て、私は単にアルゼンチンに帰ってきたのでもなければ、子供時代に戻った訳でもない。私は『わが懐かしのブエノスアイレ

ス』を始めとする、このセンチメン
タルなレコードを構成する素晴らし
いメロディの数々のもとに帰依した
のである」

　CD『わが懐かしのブエノスアイレ
ス〜ピアソラ＆ガルデルに捧ぐ』で
は、14曲が収録されており、ガルデ
ル作品では、「わが懐かしのブエノス
アイレス」「想いの届く日」、ピアソ
ラ作品では「ブエノスアイレスの夏」
「ジプシーのタンゴ」「ブエノスアイ
レスの冬」「アディオス・ノニーノ」「ブ
エノスアイレスの春」「ブエノスアイ
レスの秋」が収録されている。

　ピアノがバレンボイム、バンドネ
オンがロドルフォ・メデーロス、コ

『ダニエルバレンボイム自伝』ダニエル・
バレンボイム 著／蓑田洋子 訳（音楽之
友社）

ントラバスがエクトル・コンソーレのトリオの演奏である。

国家や民族を超えて人類の一員として

　バレンボイムは『ダニエル・バレンボイム自伝』（音楽之友社、蓑田洋
子訳）の中で、直截にこう語っている。長くなるが紹介したい。

　「21世紀が始まった今、アイデンティティは一つだと主張して人々を納
得させることは誰にもできないと思う。私たちの時代が抱える問題の一
つは、人々がますます小さな、局所的なことにしか関心をもたなくなり、
物事がどのように混じり合い、どのように集まって全体の一部となって
いるか、ほとんど認識していない場合がしばしばあるということだ。（中
略）

　私はアイデンティティの問題を、音楽家として、また同時に、自分が送っ

てきた人生という観点から見つめている。私の祖父母はロシア系ユダヤ人で、私自身はアルゼンチンで生まれ、イスラエルで育ち、大人になってからは人生の大半をヨーロッパで過ごした。私はその時その時で、たまたま話すことになった言語で考える。またベートーヴェンを指揮するときには自分をドイツ人のように感じるし、ヴェルディを指揮するときにはイタリア人のように感じる。それでも、自分自身に不誠実だという感じはない。それどころかまったく反対である」

　このバレンボイムの言葉を更に補足するならば、例えばポーランド出身のユダヤ人政治思想家であるアイザック・ドイッチャーは、すでに1960年代半ばにこう語っているのだ。

　「一民族だけの国家などというものはすべて時代錯誤的存在である。どうしてこれがまだ理解されないのであろうか。原子のエネルギーが日一日と地球を矮小化し、人類は宇宙旅行をはじめ、人工衛星が「大民族国家」の上空を一、二分で飛びまわっている時代になれば、技術的な進歩は民族国家などというものをふるくさい馬鹿ばかしい存在にしてしまうのはわかりきったことではないか。それはたとえるならば、蒸気機関が発明された時代に中世の封建的領主制が愚劣な時代遅れのものと化したのと同様である」（『非ユダヤ的ユダヤ人』鈴木一郎訳）

　私にとっては、バレンボイムからは音楽だけでなく、その精神と行動から学ぶべきものが多く、21世紀におけるザメンホフのような存在なのである。

あとがき

　タンゴに関する著作を出すなどということは思いもしなかったことだ。そもそもタンゴについて書くきっかけになったのは、日本タンゴ・アカデミーの会員になったからである。いや、違った。最初にタンゴに関する原稿を書いたのはタンゴ・ダンサーであるカルロス・ガビートへのインタビュー記事である。その経緯について記した拙文も本書に収録したが、これも初めから彼にインタビューしたいと思ったわけではなく、いわば友人からの依頼が契機である。しかし原稿が「ダンスファン」に掲載され、とても良かったと思っている。

　このインタビュー記事については自画自賛になってしまうが、たいへん評判が良く、この記事一つで、いわばタンゴ・ジャーナリズムに足跡が遺せるかと思ったほどである。

　しかし本書に収録するほどタンゴについて書くようになったのは冒頭に記したように、日本タンゴ・アカデミーに入会し、その機関誌に原稿を依頼されるようになってからである。

　高校時代から新聞部が発行する新聞に、先生へのインタビューなどの原稿を書いてはいたが、音楽について原稿を書くなどと言うことは、若い時代には思いもよらず、しかし本書に収録したタンゴに関する拙文を改めて読んでいくと、それなりに自分の精神史が投影されているようで、面映ゆい気がしないでもない。

　本書を上梓するに当たってはまず、日本タンゴ・アカデミー（会長・飯塚久夫さん）の機関誌の今は亡き編集長の大澤寛さん、そして現編集長の齋藤冨士郎さん、またアルゼンチン・タンゴ同人誌「ノチェーロ・ソイ」の編集発行人である宮本政樹さんに御礼を申し上げます。思えば、日本を代表するバンドネオン奏者である京谷弘司さんや小松亮太さんにインタビューしたり、若手バンドネオン奏者として熱烈なファンを持つ平田耕治さんなどにインタビューして原稿を書く機会をいただけたことは宮本さんのお陰です。ま

た京谷弘司さん、小松亮太さん、平田耕治さんにも改めて御礼を申し上げます。

東京新聞の五味洋治さん（現、論説委員）、タンゴエッセイ掲載当時の文化部の石井敬さん、そしてガビートにインタビューする契機を促してくれたノルマさん、一面識もない私に原稿掲載の機会を与えていただいた「ダンスファン」の当時の編集長・真辺松雄さんにも感謝申し上げます。藤印刷制作部の今西徹次さんには散逸しがちな拙文を改めてご返送いただきお世話になりました。

本書の発刊に際して、島崎長次郎（日本タンゴ・アカデミー名誉会長）さんからは励ましの助言と貴重な写真などの資料を、同じくタンゴ・アカデミーの弓田綾子さんからも貴重な資料を、また町田静子さんからも写真を、そしてまたブエノスアイレス在住の河島美樹さんからも貴重な写真を提供いただきました。誠にありがとうございました。

また、最後に書き下ろしたバレンボイムについての原稿は、堀泰雄さんの助言から生まれました。ある小さな会合で、本書のこと、またバレンボイムとエスペラントの創造者・ザメンホフの人類人主義について話したところ堀さんに、ぜひ書き下ろして本書に収録しろと言われました。ちなみに堀さんは得意のエスペラントを駆使して、ウクライナやロシアをはじめ、世界のエスペランティストの声を受信して世界に発信し、世界でも有名なエスペランティストです。堀さん、ありがとうございました。

そして、日本タンゴ・アカデミーの会員諸氏、すいよう会（タンゴ愛好家の会、会長・黒木皆夫さん）の皆さんの今までのご交誼にも感謝の意を表します。

最後に前著に続き、批評社の佐藤英之さん、渋谷一樹さんにはいろいろとお世話になりました。改めて感謝を申し上げます。皆さん、本当にありがとうございました。

2022年12月1日

大類善啓

「タンゴ　タンゴ　タンゴ」初出掲載誌一覧

大類善啓（おおるい・よしひろ）

1968年、法政大学文学部哲学科卒業後、欧州、中東、アジアに遊ぶ。その後、週刊誌記者、フリーライターなどを経て、78年初訪中。翌79年より中国との交流に携わり、81年、手塚治虫のアニメ『鉄腕アトム』の中国・中央テレビでの放映業務、2002年、日中国交正常化30周年記念特別番組〈孫文を支えた知られざる梅屋庄吉〉を企画、テレビ朝日で放映される。

現在、一般社団法人日中科学技術文化センター理事、顧問。日本タンゴ・アカデミー会員。また、中国ハルピン市郊外の方正県にある日本人公墓（1963年、周恩来総理の認可の下、建立された）の存在を通じて、日本の中国への加害と被害の実相などを伝えていこうと2005年、方正友好交流の会を立ち上げ、理事長として会報『星火方正』を編集発行している。この会報で日本人公墓を知った映画作家・羽田澄子さんが記録映画『鳴呼 満蒙開拓団』を制作、2009年全国で上映される。

著書『ある華僑の戦後日中関係史──日中交流のはざまに生きた韓慶愈』（明石書店、2014年）、『エスペラント──分断された世界を繋ぐHomaranismo（ホマラニスモ）』（批評社、2021年）。共著に『風雪に耐えた「中国の日本人公墓」ハルピン市方正県物語』（東洋医学舎）、『満蒙の新しい地平線　衞藤瀋吉先生追悼号』（満蒙研究プロジェクト編集委員会編）などがある。

タンゴ タンゴ タンゴ
──情感Sentimiento織りなす魂のしらべ

2023年2月10日　初版第1刷発行

著者 ……… 大類善啓

ブックデザイン ……… 臼井新太郎装釘室（臼井新太郎＋佐野路子）
発行所 ……………… 批評社
　　　　　　　　　〒113-0033　東京都文京区本郷1-28-36鳳明ビル201
　　　　　　　　　Tel. …… 03-3813-6344　FAX. …… 03-3813-8990
　　　　　　　　　郵便振替 …… 00180-2-84363
　　　　　　　　　e-mail …… book@hihyosya.co.jp　HP …… http://hihyosya.co.jp

印刷・製本 ………… モリモト印刷株式会社